U0035984

BuddhAll

BuddhAll.

All is Buddha.

BuddhAll

神通的原理與修持

神通超乎常人的奇幻變化，帶給人無限神秘的想像空間。

在本書中例舉各種常見的神通現象，深入剖析神通的原理，並介紹天眼通、天耳通、他心通等各種修持神通的方法，及容易引發神通的禪觀法門，更深入說明神通者應遵守的戒律，是所有想了解神通、修學神通者不可不讀的好書。

◉—目錄

出版緣起

佛法的深妙智慧，是人類生命中最閃亮的明燈，不只在我們困頓、苦難時，能撫慰我們的傷痛；更在我們幽暗、徘徊不決時，導引我們走向幸福、光明與喜樂。

佛法不只帶給我們心靈中最深層的安定穩實，更增長我們無盡的智慧，來覺悟生命的實相，達到究竟圓滿的正覺解脫。而在緊張忙碌、壓力漸大的現代世界中，讓我們的心靈，更加地寬柔、敦厚而有力，讓我們具有著無比溫柔的悲憫。

在進入二十一世紀的前夕，我們需要讓身心具有更雄渾廣大的力量，來接受未來的衝擊，並體受更多彩的人生。而面對如此快速遷化而多元無常的世間，我們也必須擁有十倍速乃至百倍速的決斷力及智慧，才能洞察實相。

同時在人際關係與界面的虛擬化與電子化過程當中，我們也必須擁有更廣大的心靈空間，來使我們的生命不被物質化、虛擬化、電子化。因此，在大步邁向新世紀之時，如何讓自己的心靈具有強大的覺性、自在寬坦，並擁有更深廣的慈悲能力，將是人類重要的課題。

生命是如此珍貴而難得，由於我們的存在，所以能夠具足喜樂、幸福，因自覺解脫而能離苦得樂，更能如同佛陀一般，擁有無上的智慧與慈悲。這菩提種子的苗芽，是生命走向圓滿的原力，在邁入二十一世紀時，我們必須更加的充實。

因此，如何增長大眾無上菩提的原力，是〈全佛〉出版佛書的根本思惟。所以，我們一直擘畫最切合大眾及時代因緣的出版品，期盼讓所有人得到真正的菩提利益，以完成〈全佛〉（一切眾生圓滿成佛）的究竟心願。

《佛教小百科》就是在這樣的心願中，所規劃提出的一套叢書，我們希望透過這一套書，能讓大眾正確的理解佛法、歡喜佛法、修行佛法、圓滿佛法，讓所有的人透過正確的觀察體悟，使生命更加的光明幸福，並圓滿無上的菩提。

因此，《佛教小百科》是想要完成介紹佛法全貌的拼圖，透過系統性的分門別類，把一般人最有興趣、最重要的佛法課題，完整的編纂出來。我們希望讓《佛教小百科》成為人手一冊的隨身參考書，正確而完整的描繪出佛法智慧的全相，並提煉出無上菩提的願景。

佛法的名相眾多，而意義又深微奧密。因此，佛法雖然擁有無盡的智慧寶藏，對人生深具啓發與妙用，但許多人往往困於佛教的名相與博大的系統，而難以受用其中的珍寶。

其實，所有對佛教有興趣的人，都時常碰到上述的這些問題，而我們在學佛的過程中，也不例外。因此，我們希望《佛教小百科》，不僅能幫助大眾了解佛法的名詞及要義，並且能夠隨讀隨用。

《佛教小百科》這一系列的書籍，期望能讓大眾輕鬆自在並有系統的掌握佛教的知識及要義。透過《佛教小百科》，我們如同掌握到進入佛法門徑鑰匙，得以一窺佛法廣大的深奧。

《佛教小百科》系列將導引大家，去了解佛菩薩的世界，探索佛菩薩的外相、內義，佛教曼荼羅的奧祕，佛菩薩的真言、手印、持物，佛教的法具、宇宙觀……等等，這一切與佛教相關的命題，都是我們依次編纂的主題。透過每一個主題，我們將宛如打開一個個窗口一般，可以探索佛教的真相及妙義。

而這些重要、有趣的主題，將依次清楚、正確的編纂而出，讓大家能輕鬆的了解其意義。

在佛菩薩的智慧導引下，全佛編輯部將全心全力的編纂這一套《佛教小百科》系列叢書，讓這套叢書能成為大家身邊最有效的佛教實用參考手冊，幫助大家深入佛法的深層智慧，歡喜活用生命的寶藏。

神通的原理與修持——序

本書是筆者繼《佛教的神通》之後，再深入探索神通的第二本書。

神通是一種合理的現象，也是生命深層力量的展現。因此，如何合理的面對神通，並理解神通力量的效能與限制，以正面而理性的態度面對，是本書的主旨之一。

神通是在因緣中合理展現的力量，而任何因緣萬象，必然有其構成條件，也有其因果的法則。因此，要具備什麼樣的主因與助緣，才能發起神通？神通力量要如何運用才算合理？應該是任何對神通有興趣的人，應當理解的。

為了使對神通有興趣的大眾，能正確的面對神通這種深層的生命力量，使大家在清楚明晰的理解中，不致以訛傳訛，在神通的迷霧中迷失，所以特別以這本書來說明神通建構的原理與修持方法。

本書首先向大家介紹神通構成的原理，讓大家完整理解神通顯現的根本源由，知其然並知其所以然。也向大家解釋：同樣是神通的顯現，為何會有許多的差別，要具備什麼樣的條件，才能顯現深刻而廣大而究竟的神通。

理解神通的原理，對所有想理解神通的人，乃至修學神通的人，都極為重要。透過這些原理，我們可以理解神通顯現的因由、現象及意義，而對於想修學神通的人，這樣的理解能幫助大家在修學的過程中，不致誤入歧途，並得到事半功倍的學習效果。

接著，本書說明神通常見的顯現方式，讓大家理解展現神通的方法及顯現形式，透過這樣的理解，才能讓神通的修持，更加的完整。雖然神通是一種深層的生命力量，但是有同樣神通力量的人，卻往往因為智慧與知識的差別，而使神通力量的展現有了高下之分。這就如同二位武功相同的俠客，一位有著各種先進的科學知識，並具有各種生存訓練，也能夠開汽車、飛機，乃至使用各種古代、現代的武器，雖然另一位武功與他相同，但是這位充滿智慧與知識的俠客，在綜合各種條件之後，其武術展現一定高明許多。

所以，具有高明神通的人，應該是具有高度的智慧、慈悲心及深廣的知識學養，充滿了深刻理性，並具足圓滿愛心的人，而不是一位只是具有奇特生命本能，能預知禍福，像一位古代神巫般的人而已。所以，真正的大神通者，應是像佛陀，及許多大菩薩及大阿羅漢聖者等，充滿了光明、智慧，讓人心生景仰的圓滿生命。

當然，要修學神通，一定要了解神通的運用效能及限制，錯誤學習及運用神通，是修學神通的大忌。由於神通是深層生命力量的引發，因此錯誤的學習與使用，對自身的危害，遠比一般錯誤的行為更加可怕，所以修學神通者要特別小心，一定要學習正確、光明的神通方法，並正確的運用神通，否則危害大矣！尤其不可為了貪圖方便，而使用一些障礙或出賣自己身心的方法，去取得一些微小的力量，這是絕對要禁絕的。而且，神通是因緣中的產物，自然有其限制，千萬不可因自己的私心、私欲、妄加運用，否則反彈受害之後，自身將後悔莫及。

在本書中，筆者介紹了修持各種神通的基礎及正確方法。修持神通最安全而正確的方法，是學習禪法，證入禪定，並從深刻的禪定中以特殊的心要方便來引發神通。如果想正確學習神通，本書中所說明的方法，不只能幫助大家的身心增長，使自己具有更深的定力、智慧，並正確的引發各種神通。

除了正確修持神通的方法之外，在本書中並另行介紹各種容易直接引發神通的修持方法，這些修持方法大部分是比較高深的法門，所以由此引發的神通，也就更加的廣大究竟了。

修學神通者應當有正確的心態及規範，如此才能在修學過程中，正確而快速的成證神通，也能保障證得神通者，在證得神通之後，不受傷害。因此，本書在神通的戒律中，特別加以說明。

慈悲、智慧與光明的生活，是一位具有神通的人應當顯現的生活方式，在書中最後揭示了這樣的生命態度，來與所有想理解或修學神通的人共勉。希望神通力量的理解或追尋，帶給我們的不是更多的怪力亂神，而是更圓滿的智慧、慈悲與光明的生活，祈願大家能如實的證得如同佛陀一般的圓滿神通！

第一章 神通的原理

神通是人類生命中最吸引人的秘境，也是挑戰人類知識與理性的難思境界。但是神通是不是那樣的神秘與不可解？卻未必如此。如何理解神通？神通的原理爲何？如何修證神通？神通有什麼樣的限制？這些問題，在本書中，將試圖爲您解答，希望您能完整而正確的理解神通眾相。

從宇宙的現象探討神通現起的原理

要了解神通的原理，首先我們要觀察宇宙的實相。依據宇宙眞實的原理與現象，我們才能完全正確的掌握神通顯現、修持的原理。宇宙的現象，從佛法觀察是流轉、相續的；佛法觀察宇宙是以動態而非靜止或孤立的分析。佛法觀察宇宙的實相常用「三處觀」來觀察，也就是：「五蘊觀」、「六處觀」、「六界觀」。

蘊、處、界的分別觀察，是從不同的立場來分別，觀察宇宙的實相。其中，蘊觀，是偏重於心理的分析；處觀，則是偏重於生理的分析；界觀，則是從於物理分析入手。這是依不同的立場而觀察生命自身，而有這三種觀門，三者並不是截然不同的。

⊙身心的組成——五蘊觀

「蘊」字是積聚的意思，即是同類相聚，佛法將有情的身心質素歸納為五蘊——色、受、想、行、識。而五蘊又可分爲兩部分：一爲所識，即所識別的對象，二爲能識，就是能識別的主體。「所識」如山河大地、宇宙萬物的存在，都屬於這個範圍——這就是色蘊。「色」的意思是指物體有實質的存在。所以《雜阿含經》中說：「可礙可分是名『色』」。

第二類是內在的精神活動，可分爲三：

㈠「受」是「領納」的意思，屬於情緒作用，在這個作用下，對隨順我們心意的就很歡喜，不順我們心意的就不歡喜。

㈡「想」是「取像」，也就是認識作用，心攝取境像而形成心象，由此表現作用構成概念，進而安立語言系統、認識系統。

㈢「行」是「造作」之意，主要是思心所，即意志作用，對境生心，經由心識的考慮決斷，賦予身心的行動。這三者屬於能識。但對「識」本身來說卻是所覺識的。這三者以心理學名詞來說，即「受」與感情的作用相似，「想」與知識的作用相似、「行」與意志的作用相似。色是所識的，也就是被了知的，受、想、行對識而言也是被了知的；在反省觀察中可以發覺微細的作用，能明了識別這森羅萬象（色、受、想、行）是「識」的作用。

⊙自身與外界的窗口──六處觀

再來講「六處」，「處」是生長的意思，能使我們長養，引發我們的認識作用。由於我們的認識作用不能單獨存在，要依靠因緣，一切因緣的相依相存才能造成我們的認識作用。如我們看見一幅畫，必須要具備幾個條件，首先必須要有眼睛（眼根）、有這幅畫，（色境），再加上心的認識了別（眼識），才能看到這幅畫。同樣的，眼、耳、鼻、舌、身、意、六處（根），且也是要有色、聲、香、味、觸、法六境，再加上眼識、耳識、鼻識、舌識、身識、意識六識的了別作用，然後才能分別了知，形成各種認識作用。

六處是人類認識外境的重要根源，所以隨六處而將識分為眼識、耳識、鼻識、舌識、身識、意識。由於六根門，所以有六塵──外六處、六識。如《雜阿含經》中說：「二因緣生識，何等為二？謂眼、色，耳、聲，鼻、香，舌、味，身、觸，意、法。……眼、色因緣生眼識；……此三法和合觸；觸已受；受已

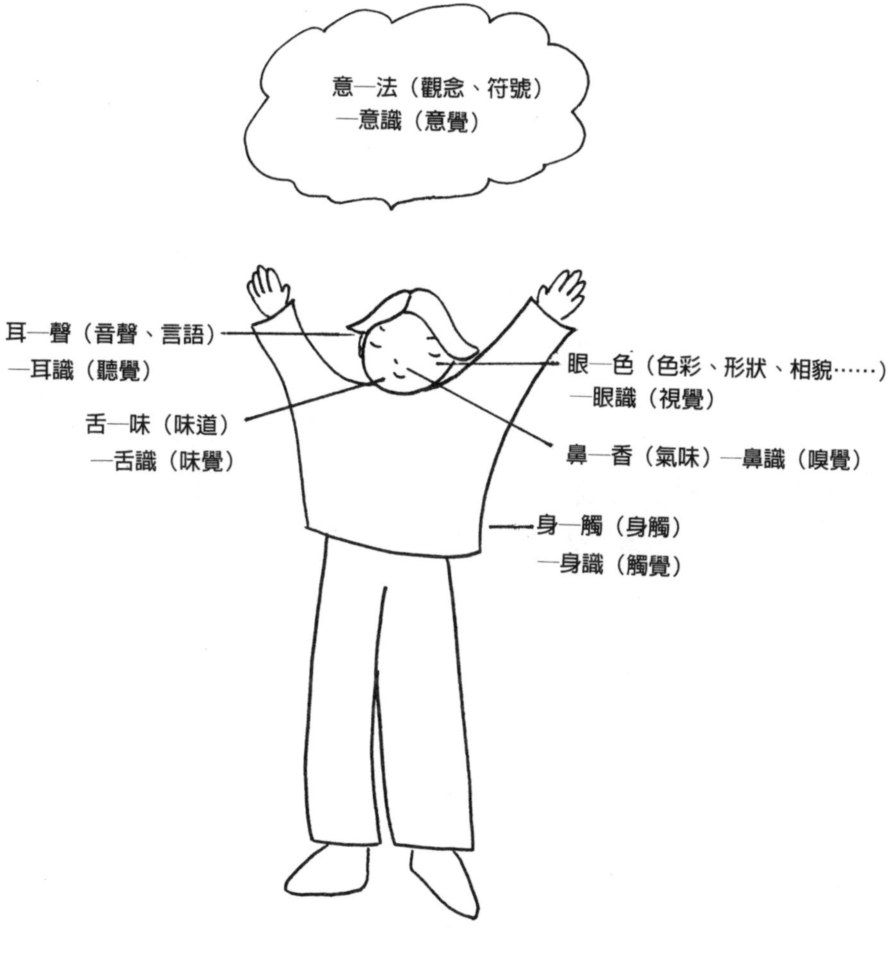

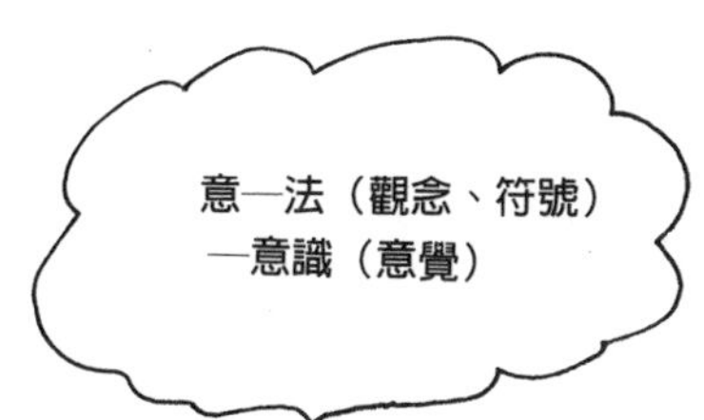

耳─聲（音聲、言語）
─耳識（聽覺）

眼─色（色彩、形狀、相貌……）
─眼識（視覺）

舌─味（味道）
─舌識（味覺）

鼻─香（氣味）─鼻識（嗅覺）

身─觸（身觸）
─身識（觸覺）

六根（六根作用的主體）　　六識（六根對外在環境的認識、了別）

思；思已想」。也就是說，要產生了別外境的作用，必須有眼見色，耳聞聲，鼻嗅香……，然後眼見色產生眼識分別，耳聞聲產生身識分別，而有種種感受。

⊙宇宙的體性——六界觀

除了五蘊六處之外，還有「六界」也是神通變化的重要原理。界即地、水、火、風、空、識六界，也就是宇宙萬象的六種體性。界有「特性」的意義，古譯是「持」，也就是「自相不失」。

由於特性與特性的共同，界又被轉釋為「通性」。如水有水的特性，火有火的特性，即分為水界、火界。此水與彼水的特性相同，所以水界即等於水類的別名。這六界，無論為通性，為特性，都是構成有情自體的因素，一切有情所不可缺的，所以界又被解說為「因性」。

其中地、水、火、風四界，為物質的四種特性。如《雜阿含經》卷三中說：「所有色，彼一切四大及四大所造色。」

而在六界的特性上，地代表物質的堅性，作用是任持；水是代表物質的濕性，作用是攝聚；火是物質的暖（炎）性，作用是熟變；風是物質的動性，作用是輕動。其中地和風是相對的，水和火是相對的。任何物質都是具有地、水、火、風四種特性，如果不具備此四種特性，物質是不可能存在的。空是虛性，遍一切處，如沒有空的存在，物質也無處安立。所以空界具有與四大相異的特性。識是了別，意識的現象，存在於過去、現在、未來相續不斷之間，如瀑流、如陽陷，綿延相繼。生命的存在是由於無明、識的作用才有辦法延續，如果有一天，心意識的作用停止了，所看到的就不是目前的現象了。

密教也建立六大緣起說，將我們內在的小宇宙與外在的大宇宙統一起來。其將六大分爲「法爾六大」與「隨緣六大」。「法爾」六大，稱爲性之六德，即所謂性質上的六種特點：堅、濕、軟、動、無礙、了知等作用的體性。此六種特點指法爾本然，爲諸法萬有實體上所具足的體性，但這體性的六德，一般人的六根觀察不到，只觀察得到：地、水、火、風、空、識的現象，這稱之爲隨緣六大。

隨緣六大就是指六大的體性隨緣示現的現象。隨緣六大與原始佛教以來所通

六大體性表

六大……	地	水	火	風	空	識
性質……	堅	濕	煖	動	無礙	了別
業用……	持	攝	熱	長養	不障	決斷
形色……	方	圓	淨	半月	圓形	種種形
顯色……	黃	白	赤	黑	青	種種色
種字……	阿 a	縛 va	羅 ra	訶 ha	佉 kha	吽 hum
字義……	本不生	離說言	無垢塵	離因緣	等虛空	了義不可得

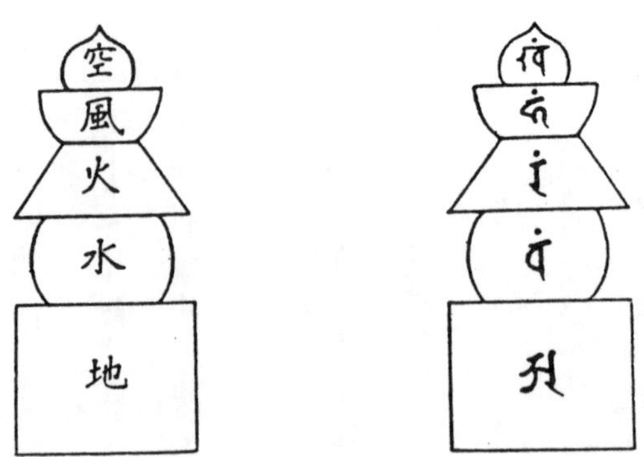

象徵法界體性的五輪塔

說的六界是相同的，依止於我們的業行煩惱而感得，與我們的業煩惱共相隨逐而成爲緣起的衆相。

法爾六大是成就諸佛與諸菩薩之體性，因爲諸佛、諸菩薩已經沒有業障煩惱，所以不是依於業煩惱所感得，而是依於不生不滅的眞實體性。這種眞實體性不僅是在理上如是，也能成就色相莊嚴具足的佛身體性，並能因爲如來加持的力量使我們得以看見。雖然相似於凡夫所認知的六大，但並非由業障煩惱所造，而是法爾本然所具足；因此稱法爾本然的六大爲「法爾六大」或「性之六德」。

法爾的六大，是實在的六大，是常住不變，是能造的體性。隨緣的六大，是現象的六大，是生滅變化，是所造的現象。但是能所一體，法爾的當體就是隨緣，隨緣的當體就是法爾。

以上是總論六大整體的性質，現在我們再來看看六大各別的內容與特性：

1. 地大：地的體性是堅固不動，能止住萬物，有能持萬物的作用，所以表現於形象是爲方形，表示於色彩則爲黃色，而其種子字爲「阿」，表示地是能生萬物的根源，所以它本身有「本不生」的意義，用不生義（**Anutpada**）的頭一個字

「a」（阿）來象徵不生義，這是地大的意思。

2.**水大**：水的體性爲濕潤，有攝受萬物的作用，形象表現爲圓形，色彩則成白色，水能浸透萬物，它的「形」沒有辦法究定，所以用言說（Vac）的頭字 va（縛）來象徵離言說之水大種子字。

3.**火大**：火的體性是軟性，有成熟萬物的作用，以三角形爲象，以赤色來表色，火的性質，有成熟義，同時有燒盡萬物而使其清淨之作用，所以用表以示塵垢 **Rajas** 的頭字 **ra**（羅）字爲種子字，象徵火大，這有「無垢塵」之意義。

4.**風大**：風的體性爲動性，有長養萬物之作用，以半月形（不動的方和動的圓而交成的形）表其形象，以黑色（不變而能含容一切色）爲其色彩，風是動轉自在的，能含養萬物的，所以用表示因緣的 **hetu** 或者表示移動的 **hara** 的頭字訶（ha）字爲種子字來象徵離因緣的風大。

5.**空大**：空的體性無礙，能包容一切，有不障之作用，以方圓不二的團形（或稱寶珠形）而表形，以青色爲色彩，同時空有無差別平等義，有無礙涉入之德，以等虛空 **Kha** 之頭字佉字 **Kha** 爲種子字，以象徵空大。

6.識大：「識」有了知之性質，有判斷或是決斷之作用，能以種種形爲形，種種色爲色，同時，「識」有摧破煩惱障礙之作用，所以用覺了義（或是摧破義）之吽（hum）字爲種子字，以象徵識大。

而六大彼此間的關係，則可以用「異類無礙」與「同類無礙」來說明。

「異類無礙」是指六大的體性雖異，但每一大互具其他的五大，有著「互具」與「各具」的關係。所謂互具，是指六大互相具足的意思，即地大中必具其餘的五大，水大中亦具其餘的五大，如是火大、風大、空大、識大也莫不具有其餘的五大。因此，以一爲主，則其餘皆伴隨而具有，一塊土，一滴水裡，其他五大固不用說，即法界萬有亦悉皆含攝。若以「我」爲主來考察，如此，其他的佛界，乃至地獄界悉皆具足，故可以說我即是伴宇宙了。反之，若以「他」爲主來考察，如此，我便爲伴而被攝於他的裡面，所以有著主伴具足，重重無盡，相依相成，無礙一體的關係。

「各具」，是說六大雖然如此互相具足，可是，同時又是獨立的，即地大是地大，水大是水大，乃至識大是識大，不失其特性與業用等，萬有各守自性，彼此不會混亂。

這樣，六大是「互具」、「各具」而不相離的，所以，全宇宙無一處不是地大的，水大的，乃至識大的。這無礙涉入的情形，就像六燈共照一室，光光涉入遍及室內，而六燈共成的一光不能一一分開一樣。

由於六大這種既獨立又相融、相攝的狀態，而產生了無窮的現象變化。

在經典中有許多關於六大神通變化的記載，例如，在《大毘婆沙論》卷一七七中記載著過去世的底砂佛，在吠琉璃龕中，結跏趺坐，入火界定，經七晝夜受妙喜樂，威光熾然。而古來一些具足神通的大阿羅漢及大成就者，將入涅槃之際，也多是發出十八種神變，最後以火界三昧，自己焚身留下舍利而入涅槃。

而佛典中也有許多關於六大三昧中示現火界相禪定的記載。

在《佛本行經》卷四十中記載：佛陀成道不久，爲了要度化具有神通，並爲王臣所信仰的事火優婁頻螺迦葉兄弟三人，因此前往菩提迦耶旁的優婁頻螺聚落三位仙人的居止處，這三位兄弟有千位弟子追隨修學。

在此聚落，建有一座草堂供養火神，住著一隻猛厲毒惡的龍王，因此草堂無人敢住。佛陀爲了降伏迦葉兄弟，故意要在這火堂中過夜；起初迦葉們怕他危險，不肯讓他居住。經過佛陀殷勤請求，保證毒龍不能危害自己，方才應允。

佛陀進入火堂之後，就安住禪定之中。這時，毒龍出外覓食畢，回返火堂，遙見如來坐在火堂之內，十分生氣，就由口中噴出烟焰，想傷害佛陀。於是佛陀就進入三昧中，同樣從身體中放出烟焰。

龍王見到佛陀不但不受侵擾，反而放出同他一般的烟焰，心中瞋忿愈熾，便放出更加猛烈的火燄來燒佛。而佛陀也同樣的證入火光三昧，由身上發出大火。就這樣佛陀及毒龍，各自遍身放出雄雄的火流烈焰。

一時火堂中熾燃的猛焰驟然四起，勢若驚濤裂岸，剎時整個火堂就陷入一片火海之中。

這時迦葉兄弟，看到火堂大火，趕緊帶領弟子取水滅水，結果火焰卻更加熾盛，只好無奈地回到堂外等待。而堂內，佛陀爲了降伏毒龍，所以在護住龍王命根的同時，也以烈焰焚燒牠的皮肉筋骨。並從身上發出了青、黃、赤、白、黑等如虹彩般的雜色光明。後來飽嚐焦骨燒皮之苦的毒龍見到整個火神堂，都是火焰洞然熾盛，只有佛陀的坐處寂靜清涼，絲毫不見火光熱惱，因此就踴身進入佛陀的鉢中，爲其所收服。於是迦葉兄弟及弟子們也懾於佛陀的威神全部皈佛了。

除了火三昧之外，還有火遍處禪觀，這二者經常被混淆，但其實是不同的，火遍處的禪觀，只有行者自己看到整個宇宙都是火相，但其他人是看不到火相的。而火三昧則是在一定的空間中，不但自己見到遍處是火，他人見之也是一片火焰。這都是六大中屬於火大所產生的神通變化。

從宇宙的理則觀察神通的運作

神通雖然是人類生命中，十分特殊的一種現象，但是所有的神通變化現象，是不可能脫離宇宙根本的因緣法則而獨立的。因此，我們要觀察神通現象，首先就以密觀的立場，觀察整個宇宙現象界，而神通現象，自然也包含於其中了。

而當我們觀察全體現象界及其顯現的因緣之後，我在此更要深入理解：這些實相背後，到底是依據什麼樣的原理原則來建立？我們如果能正確理解其建立的理則，那麼我們自然能掌握這些理則，來正確認知神通與體悟出神通修持的方便。因此，在觀察宇宙的眞實現象之後，我們接著從宇宙建構的根本原則、三法印與緣起性空，及生命轉動的十二因緣法則，來掌握宇宙實相的理則。

⊙三法印的觀察

早在二千五百年前，釋迦牟尼佛在菩提樹下悟道，觀察整個宇宙間的實相，而歸納出三個原理，這三個原理，就是所謂的三法印：諸行無常、諸法無我、涅槃寂靜。三法印的建立，也契入釋迦牟尼佛所受的印度傳統文化的影響。釋迦牟尼佛針對整個印度乃至一切人間文化中對宇宙現象認知的錯誤，提出糾正；這也是三法印成立的因緣。

在印度的宇宙觀當中，主要是以梵爲根本，不管梵是以人格的，或是一種超越意識的存在，基本上都將之視爲「宇宙的第一因」，也就是宇宙萬象的創造根本。而將宇宙的創造根本落實於世間，必然有時間、空間兩種現象。在時間上，會執著於固定的創造開始時間點，而空間上必然執著於固定不變的「我」。

釋迦牟尼佛觀察到這樣的錯誤現象，了知他們只見到宇宙的一小部分，而有了錯誤的知見，並沒有看到全部的實相。不能了知整個宇宙完全是由因緣所生成的如幻現象。

宇宙在根本理則上是由法惟因緣所構成的，它是依著「有因有緣世間集，有因有緣世間滅」的原理運作的；而在現象上的相續而言，它是依著「有因有緣集世間，有因有緣滅世間」的實相因緣而顯現。這是釋迦牟尼佛對整個宇宙實相觀察的心法。

因此佛陀要破除印度傳統，乃至一切人間文化觀念上對於時間系統的執著。這種時間上的執著也就是執著時間是相續不變的，佛陀了知這種錯謬，就以「諸行無常」的實相來破除。「諸行無常」即是體認宇宙中的一切萬象一直都處在恆動的狀況，是不斷在緣起、緣滅的生滅現象中遷變。所以佛陀教導我們在時間的系統裡，一切都在無常的變化中。

而在空間系統上，宇宙間並沒有獨立自主、不受其他因緣影響的自性存在。宇宙中的一切事物都是由條件所構成，這種條件所構成空間因緣，就是「諸法無我」。而這一切的現象，都是沒有自性，都是由條件所構成，沒有恆常固定的自我存在。

了知時間和空間的無明纏縛，讓我們體悟了諸行無常和諸法無法，就能安住在生命圓滿的境界中，不再有任何的生命障礙；並將得到最圓滿的解脫，證得究竟寂靜涅槃。

三法印，是釋迦牟尼佛觀察宇宙現象所得到的實現眞理。能適用在一切現象之中；從宏觀整個無量無盡的宇宙，到微觀的所有微細的分子、粒子，三法印都是宇宙當中完全一貫的眞相。所以三法印的觀察，也能應用在一切人間上；在一切現實的世間，我們都可以觀察到無我、無常的眞實現象，並進而修證達到涅槃寂靜的境界。

「諸法無我」，是眾生不再執著於「我」；此時，如果能以他全體生命投入宇宙的因緣，不再有我執，就能產生最大力量。對一切宇宙人生的現象，我們可以觀察到不間斷的無常變化，我們也可以依著這個事實而不斷的修行增上臻於圓滿，寂靜涅槃。了悟並證入三法印的實相，能使我們自身的生命，不再受到任何障礙，達到圓滿的解脫，而產生無礙的神通變化。

而三法印的實相，在大乘的教理中，又發展成「諸法實相」的一實相印，也就是「緣起性空」。

佛陀爲一般根性的眾生，先從無常、無我等三法印的次第引入涅槃。但是在爲利根的眾生，如迦旃延等人，就直示中道，不落兩邊。在聲聞弟子中，多依一般的次第門，也就是三法印。大乘行者則是在悟得無生法忍，即一般聲聞弟子以爲究竟的境界時，不以爲究竟，還要悲願利他。從這無生的深悟出發，所以徹見三法印的一貫性——即同一空性的義相，而說一切皆空是究竟了義，其實這三者並無差別。

只是無常、無我、寂滅，從緣起法相說，而有所差別的：如豎觀諸法的延續性，念念生滅的變異，稱爲「無常」，橫觀諸法的相互依存，彼此相關而沒有自體，稱爲「無我」，從無常、無我的觀察，離一切戲論，深徹法性寂滅，無累自在，稱爲「涅槃」。

而大乘學人從無生無爲的深悟中，了知一切皆空，即了知常性不可的；無我，即我性不可得；涅槃，即是生滅自性不可得。這都是立足於空，相應緣起的，所以一切法是本性空寂的。常性不可得，即現爲因果生滅相續相；從生滅相續的無常事相中，即了悟常性的空寂。我性不可得，即現爲因緣和合的無我相；在這無我的和合相中，即了悟我性的空寂。生滅性不可得，而有「此有故彼有，此生故彼生」的緣起相，必然的歸結於「此滅故彼滅，此無故彼無」。緣起性空之理，將宇宙的萬相統攝於空的實相與緣起的組合變化，而稱爲「一實相印」——「諸法實相印」。

◉生命流轉的十二個因緣

在《雜阿含經》中說：「有因有緣集世間，有因有緣世間集；有因有緣滅世間，有因有緣世間滅。」生命生死相因，流轉不已；在一般人看來是生命的自然現象，也是自然的狀況，但是生從何處來？死往何處去？大多數的人卻是不甚了知的，只能無奈的接受生命這個事實。

但是，在佛陀而言並非如此，他已看到了宇宙的實相，生命如何產生、如何流轉、如何還滅，佛陀已完全通達，並將這個宇宙實相告訴了我們。

佛陀看到了宇宙的變遷，都是由條件所構成；凡是構成現象本身的，就是這個現象的條件，也就是「因緣」，因是主因，緣是助緣。而宇宙間一切法相的生滅變異，沒有一樣能離開因緣，一切都依於因緣。我們人之所以能夠光明、能夠修行、能夠成佛，也是在這生滅因緣的把握中，依據宇宙實相、佛法來實踐，去除染污，而達到還淨的歷程。

人生現有的痛苦，我們追究痛苦的來由，而後求得對治的方法，依此實行，而達到苦的還滅。我們要了知一切苦難生起與消滅的條件，使應生的生起，該滅的還滅。這也是釋尊初轉法輪時開示四諦的原因。

因緣有雜染的也有清淨的，而有情的生死流轉，佛陀以緣起法來解說。緣起法的定義是「此有故彼有，此生故彼生」，說明一切萬物相互依持而存在的法則。其內容是：「謂無明緣行，行緣識，識緣名色，名色緣六處，六處緣觸，觸緣受，受緣愛，愛緣取，取緣有，有緣生，生緣老病死。」佛陀說這是「純大苦聚」。

佛陀觀察宇宙人生所得的結論是，宇宙中沒有絕對的東西，一切要在相對的關係下才能存在；由於無明的蒙昧、愛的染著，生死識身不斷的相續，不斷的流轉於生死苦海；苦因、苦果，一切在無可奈何的苦難中成為「純大苦聚」，這是有情的一切，也是生命的瀑流顯現的宇宙現實。

依緣起而成的生死相續，有「緣起」與「緣生」兩者。「緣起」是世間成立的因果理則；而「緣生」是因果所顯現的具體現實。宇宙的一切依緣起而成立，依緣生而現前，我們只有依著緣起、還滅的過程，才能夠達到平穩、寂靜的安樂

十二因緣

1 無明
2 行
3 識
4 名色
5 六入
6 觸
7 受
8 愛
9 取
10 有
11 生
12 老死

1 我執、對立產生之時
2 生命存續的意志力
3 行以無明為核心，相續運作產生的意識、記憶
4 生命意識與受精卵的結合，精神與物質結合而有生命
5 生命不斷發展，產生眼、耳、鼻、舌、身六入
6 六入接觸色、聲、香、味、觸、法外境
7 由觸覺產生感受
8 由感受產生喜歡、不喜歡等執著
9 由愛之執著進而產生身、語、意等執取
10 由執取的行業造成存有的現象
11 存有的現象推動生
12 有出生就會老化、死亡

世界。

佛陀從生命時間相續的觀念當中，建立了三世，三世即過去世、現在世、未來世。而且爲了生命在時間上的相續，成立十二因緣的法義。

從無明開始，時間是不確定的，而當有我執產生的時候，就是無明的開始，所以叫無始無明。對生命而言，這一念的產生，就是時間的開始，所以是無始。無始是時間的不確定，而且這個不確定本身是沒有意義的，是如幻的。宛如作夢一樣，宛如眼睛幻覺，由幻覺看到的物品一樣，宛如我們看到的第二個月亮一樣，宛如我們所看到的龜毛兔角一樣。所以說生命體是如幻的，時間是無意義的。但對生命體而言，無明的產生就是這意識的覺察，覺察到自身的存在，而這自身的存在根本不眞實。以爲自身的存在開始的時候，這無明就開始了，這就是無始無明的開始。

從無始無明以後，產生了我執，我執以自我爲中心，而與宇宙中沒有分別的現象產生摩擦，產生對立，產生生命的求生意志，這個求生意志的運作就是所謂的「行」。

而這個求生意志的運作，以圍繞著根本的無明爲中心，不斷產生一些記憶，這種記憶本身是沒有實質的，是純粹意識的，這種不斷的記憶累積，就是所謂的「意識」。所以說，所有的時間對每個生命主體而言，都是存在在意識裡，沒有所謂的客觀時間，只有一個由純粹的意識的覺受而產生的時間。而這意識的不斷累積，都以根本我執爲中心，而造成生命的意識。

生命的意識就是整個生命的記憶，它投入了母胎，與整個受精卵結合在一起，產生了「名色」。「名」是精神，就是意識，「色」是物質體，也就是受精卵。

這意識進入受精卵，整個生命不斷地運行，而產生了六入。

「六入」是六種感覺器官，眼、耳、鼻、舌、身、意，而這六入產生觸覺，觸覺會產生感受的力量，感受的力量產生執著，執著產生愛，愛又產生執取，由執取而有了存有的現象，而這存有的現象又推動著生與老死。

在三世十二因緣當中，無明與行是過去因，現在五果是由識到受，現在三因是愛、取、有，而未來二果是生與老死。三世十二因緣建立在整個時間相續的過程，它探討整個生命、整個宇宙交互相存的關係。

我們從十二因緣當中，體悟了生命的流轉與解脫的過程。「法」是軌則之義，佛法不只是告訴我們宇宙的實相，並且是讓我們從生命的現實苦迫中，了知「離苦得樂」的大道。十二因緣讓我們了解生命的無明染污因緣，也讓我們透過十二因緣清淨了生命的無明煩惱。

佛陀在菩提樹下悟道時，於初夜獲得宿住智，中夜得天眼智明，後夜觀察生命流轉的因緣，徹悟了因緣法。

在《方廣大莊嚴經》卷九中記載，釋迦牟尼未成佛前，爲菩薩身，在悟道時，於中夜分攝持一心，證得憶念過去宿命智，通觀過去自身及他者所受生事，皆悉了知一生二生及至十生，百生、千生、萬生、億生、百億生、千億生，乃至照過無量百千那由他拘胝數生，乃至成劫、壞劫，無量無邊成劫壞劫，皆悉能憶知，一一住處若名若姓，若色相、若飲食、若苦樂，若受生，若死沒。所有色相住處事業，若自身若他人，皆悉了知。

菩薩又作是心念：「一切眾生住於生老病死險惡趣中，不能覺悟，如何能會具了知生、老、病、死苦蘊邊際？」如此思惟之後，觀察這個世間，看到眾生在六道輪迴的生死大海中升沉，而生起了無比的大悲心。這六道的眾生，終日經營著虛假不實的生活，有清淨的，有不清淨的；有善的，有不善的；到了命終的時候，隨著各人的造作，在六道中又受著種種不同的苦和樂的果報。

接著，他又順向、逆向觀察生命流轉的十二因緣，而徹悟了因緣法，成證無上大覺。

佛陀在菩提樹下依十二因緣觀察，他從現前的生老病死來觀察，由這些現象一直往前推，推到最後是無明。無明是造成世間種種或因緣果報的根源。要去除這個果報就要斷此根源。因此，逆觀十二因緣就是還淨的觀察。順觀十二因緣，就是世間眾生出生的染污過程。所以順逆觀察十二因緣而悟道，最後無明已斷，則心行、意識會跟著斷除。

就像一棵樹，不論是多大的樹，只要根一斷除，則樹幹、花、果都會凋謝。透過這樣的觀察，我們會發覺到：緣覺、阿羅漢他們斷除無明的根本之後，雖不再受生，但他們這一期的生死仍然相續至入涅槃止，就像斷除大樹的根，看起來它的樹葉、枝幹、花果都還在，不是馬上就枯死了，但一段時間過後，這些樹幹枝葉就枝萎了、花果就凋謝了，這是一期的生死。這也就是爲什麼阿羅漢解脫後這一期仍活著，這一期的生死仍然相續至入滅爲止。

無明斷除之後，行斷、識斷、名色斷、六入斷、然後是斷受、愛、取、有、生、老、死。這樣的結果是一個還淨的過程且不再落入世間了。而菩薩行者則不是採取斷的方式，而是昇華。在順逆觀察十二因緣的時候，菩薩了知這十二因緣是如何染污、如何還淨的。還淨之後，把無明變成大覺。從這覺悟的光明，不只是單純地住在光明境中，而是要還入世間，而且在光明心裡，他其一切行爲變成現前的覺悟，所有的意識都已轉識成智。所有名色（精神與物質）的根本都來自覺悟，與大悲一同作用。覺悟使人清淨，大悲使人有力。所以名色的造作能夠現起種種如幻的幻化身來救度世間。名色所顯現的六入是清淨的六入，是能夠自在作用的六入，是六根互攝的。只是相應於世間因緣，如千江幻化的水一樣是清淨的。

清淨的六根不再受染愛控制，所觸是清淨的妙觸，受是無分別的，雖無分別但能夠清清淨淨、明明白白的了知，他對一切眾生只有平等的慈悲，而不是一般世間恩怨情仇的喜惡。他的取是以大智為導引，以大悲為力量來使眾生昇華至佛果清淨的力量，所以他的存有是光明無礙的存在。而他的生是無生之生，而其老病死則是一種示現，並不是無明的輪迴。

此外，佛法中有一類悟道的聖者——緣覺，這種解脫者並未隨從佛陀而聞法，是觀察飛花落葉等自然界的現象，而悟得十二因緣。而《大乘義章》卷十七中說：「言緣覺者，外國正音名辟支佛，此翻辟支，（中略）緣覺名義解有兩種：㈠約所觀法門以釋，緣者是其十二緣起，始從無明乃至老死，觀斯悟解，從緣得覺，故號緣覺。㈡就得道因緣以釋，如辟支佛得道因緣經中廣說，如拂迦沙思風動樹而得悟道，如是等皆藉現事緣而得覺悟，故曰緣覺。」

在《佛本行集經》卷三十四本，曾記載著佛陀初轉法輪即受法的五比丘之一憍陳如長老，在本生因緣中，由於供養辟支佛的功德，迴向發願成為釋迦牟尼佛座下最老最大的上座弟子，而得滿願的故事。

當時波羅城有一位辟支佛，由於年老生病，入於城中治病。有一位瓦師，看見辟支佛，生起清淨恭敬之心，就請其回家供養。瓦師在家附近蓋了一個小房屋，安置臥具等種種生活所需完備，請辟支佛在此安住養病。

當天夜裏，辟支佛入於火三昧，瓦師在家中看見小屋有大火光，以爲是著火了，就偷偷往前察看，只見辟支佛安然結跏趺座，如大火所聚，熾然放光，但其身莊嚴，不被火燒。瓦師看了這種不可思議的神通，信心倍增，更加恭敬的供養承事。

不久之後，辟支佛的病越來越重，終於入滅了。

瓦師見到辟支佛入涅槃，悲傷啼哭，到處向人哭訴，驚動了城裏許多人。大家問他爲何哭得這麼傷心？他就把辟支佛的神通、因緣，其持戒、修行之精進告訴大家，而自己雖然盡力供給醫藥，延請大夫，辟支佛卻還是病終了。他因而悲傷至此。

正在說著時，空中出現了壯闊的奇景——有四百九十九位辟支佛，拿著栴檀香木，騰空飛行而來，爲入滅的辟支佛進行火化荼毘。他們對瓦師說：「仁者！你能供養此大仙人，功德無可限量！」

原來這五百位辟支佛是一同在王舍城旁的諸仙居山修行，都具有大神通，而入滅的這位，正是其中最大最老者。

瓦師歡喜的請四百九十九位辟支佛回家供養一餐，得知不久將有釋迦牟尼佛出世，於是發願如同其師在辟支佛中爲最老最大者，他也發願於釋迦牟尼佛的弟子中爲最老最大者。由於這個善根因緣力，憍陳如長老在佛陀最初說法時，即能證知，入於聖果，成爲釋迦牟尼佛座下最老最大的弟子。

從生命的解脫之道掌握神通修行的路徑

⊙無上智慧的追尋

佛陀體悟了宇宙的實相，並告訴我們悟道的方法，也就是生命中的解脫之道。了悟宇宙實相的智慧，可說是修學佛法的最後目的。而智慧又有不同的境界，世間的有漏智慧、初證悟佛法的智慧、聲聞阿羅漢的智慧、辟支佛（緣覺）的智慧、菩薩種種階位的智慧、佛陀最高的智慧等不同，因此，其所示現的神通境界也有高下之別。

而趣入智慧最常見的方法，則是由禪定入慧，如《阿含經》中常見的「五蘊觀」、「四諦觀」、「三三昧」、「八解脫」、「八勝處」等禪觀法門，都能使學人趣入開悟的智慧，成證廣大神通。

這是由於徹底了悟宇宙萬象形成的原理，能自在無礙改變物質現象，例如在《瑜伽師地論》中到的十八種神變中，就有能從身上出火，身下出水，令火成水，令水成火的物質自在轉化的神通變化。

除了上述所說，體悟宇宙實相的開悟智慧之外，還有最高、最完全的智慧——般若波羅蜜。

佛法的神通，以智慧爲體性，因此，隨著智慧的深淺不同，所具足的神通能力也隨之不同。

佛法中將智慧分爲「有分別智」及「無分別智」（根本智）二種。有分別智，是指「智慧」意識到「對象」，並且與所意識到的對象對立的情形；無分別智，是指「智慧」沒有意識到對象，而與對象合爲一體者，乃最高證悟的智慧。無分別智就是觀「色即是空」之空的智慧，即爲根本智，也就是《大智度論》三智中的一切智。

般若波羅蜜在見地觀念上去了解一切法無我與無自性，且心中對無我、無自性的觀念不起疑惑，並能解說無礙；其次，依無所得無執著的態度，從事與無我無自性見地相應的活動，而得以自在無礙。自在無礙即是不用心力，自然如法、自然法爾的智慧，即是無分別智。這是最高的智慧，即大智——般若波羅蜜。

般若波羅蜜是諸佛菩薩所具足的，他們依此而出生如幻三昧，從事救度眾生的慈悲活動。

菩薩常入如幻三昧，安住大悲，現觀一切眾生、法界如幻，而能予以無邊的救度。這時，由於如幻堅固如實，所以引生所謂的「報生三昧」，現起無邊身廣度眾生；這時，眾生應以何身得度者，則現何身而爲說法，就如同觀世音菩薩一般隨處應現，這是菩薩大悲如幻三昧不可思議的變化。

諸佛菩薩了悟法界是現空如幻，而體性一如的。因此宇宙的萬相正宛如幻人所作的幻事一般，幻起幻滅，並沒有不變的自體存在，因爲一切皆空，眾相一如；只要體悟宇宙實相，加上因緣條件具足，自然能出生種種廣大不可思議神變。

⊙三十七種超越輪迴的路徑

三十七菩提分法，是指三十七種能讓我們達到菩提證得解脫的方便大道。

三十七菩提分法，包含了四念住、四正斷、四神足、五根、五力、七覺支、八正道等菩提道法的內容。

依循此三十七菩提分法，可次第趨於菩提，所以稱爲菩提分法。這三十七種方法，又可總攝爲七大類：

1.四念住：又作四念處身念處，也就是觀此色身皆是不淨。受念處，觀苦樂等感受悉皆是苦，心念處，觀此識心念念生滅，更無常住。法念處，是觀諸法因緣生，無有自主自在之性，是爲諸法無我。

2.四正勤：又作四正斷，就是已生惡令永斷，未生惡令不生，未生善令生，已生善令增長。

3.四神足：又稱爲「四如意足」。第一是「欲如意足」，也就是希慕所修之法能如願滿足。「精進如意足」，則是對於所修之法，專住一心，無有間雜，而能如願滿足。「念如意足」，是對於所修之法，記憶不忘，如願滿足。「思惟如意足」，是心思所修之法，不令忘失，如願滿足。

四神足又稱爲「四如意足」。「如意」是指如意自在的神通。「神」是指其「不測」而言，此種通以定爲其依止的腳足，所以稱「定」爲「如意足」或「神

三十七道品

四念處：觀察身心不淨，苦迫無常的四種正念。……觀身不淨……觀受是苦……觀心無常……觀法無我

四正勤：積極斷除惡法，增長善法的四種精勤努力。……已生惡令永斷……未生惡令不生……已生善令增長……未生善令得生

四如意足：四種使修行能如意成就的力量。……欲……念……進……慧

五根：能生長一切善法的五種根源。……信……進……念……定……慧

五力：能破除一切惡法，生長善法的五種力用。……信……進……念……定……慧

七覺支：七種能趣入覺悟的心要。……擇法……精進……喜……除……捨……定……慧

八正道：能遠離輪迴，悟入聖道的八種正確之道。……正見……正思維……正語……正業……正命……正精進……正念……正定

足」。而得證此定的方便有：欲、精進、念、思惟四者。

在《長阿含》卷五〈闍尼沙經〉中說：

「復次諸天，如來善能分別說四神足。何等謂四？一者欲定滅行成就修習神足，二者精進定滅行成就修習神足，三者意定滅行成就修習神足，四者思惟定滅行成就修習神足，是爲如來善能分別說四神足。又告諸天，過去諸沙門婆羅門，以無數方便現無量神足，皆由四神足起。」

《法蘊足論》卷四〈神足品〉中也說：「世尊告苾芻眾，有四神足。何等爲四？謂欲三摩地勝行成就神足，是名第一；勤三摩地勝行成就神足，是名第二；心三摩地勝行成就神足，是名第三；觀三摩地勝行成就神足，是名第四。」

修持四神足可以達到何種神通境界呢？在《阿含經》中，曾說，證得四神足，也就是四種如意通者，能壽命自在，住世一劫。

在佛陀年老之時，曾經告訴阿難：「如來是得證四種如意神通者，所以能在世間住世一劫，而現在如來壽命多少呢？」

當佛陀問了三次之後，但是因爲天魔迷蔽了阿難的心，所以阿難不但沒有回答，諸佛陀住世，而且還從座上起身，自己到森林中禪坐。

這時天魔就立即現身來請佛入滅，他說：「如來啊！您在世間教化眾生已經很久了，承蒙佛陀濟度的流轉眾生，宛如塵沙那麼多。現在應當是您享受寂滅涅槃之樂的時候了！」

世尊就取了少許的土放在手上，問天魔說：「你看是大地的土多呢？還是我手上的土多？」

「大地的土較多。」

「我所度化的眾生，不過如手中的土，未度的卻如同大地土。雖然如此，我住世的因緣已盡，再三個月之後，我將入於涅槃。」

雖然佛陀具有四神足，有住世一劫壽命自在的能力，但是由於沒有具足住世的因緣，所以，還是在魔王的祈請下入滅了。

修持四神足，除了可以具有長達一劫的壽命之外，在《佛說大乘菩薩藏正法經》卷三十二中還說，菩薩修持四神足，可以現前獲神境通，而且能「常觀矚一切有情，一一神變，皆能調伏一切有情。」此外，這種神變又普能顯現，一一身相，前往調伏各類眾生。

經中說：「又彼如是一一身相，能往調伏諸有情類，又彼如是一一身相，復能顯現，或佛身相，或緣覺身相，或聲聞身相，或大梵王身相，或護世天身相，或轉輪王身相，又彼所現一一身相，而復顯現如是身相，能往調伏一切有情。」

4. 五根：根，是能生之意，此五根能生一切善法。信根，篤信正道及助道法，則能生出一切無漏禪定解脫。精進根，修於正法，無間無雜。念根，乃於正法記憶不忘。定根，攝心不散，一心寂定。慧根，對於諸法觀照明了，是爲慧根。

5. 五力：力是力用，能破惡成善。信力，使信根增長，能破除一切疑惑。精進力，精進根增長，能破除身心的懈怠。念力，念根增長，能破一切邪念，成就出世間的正念功功德。定力，定根增長，能破諸亂想，發起諸禪定。慧力，慧根增長，能遮止三界見思之惑。

6. 七覺支：又作七覺分、七覺意。擇法覺分，能揀擇諸法之眞僞。精進覺分，修諸道法，無有間雜。喜覺分，契悟眞法，心得歡喜。除覺分，能斷除諸見煩惱。捨覺分，能捨離所見念著之境。定覺分，能覺了發之禪定。念覺分，能思惟所修之道法。

7. 八正道：又稱作八聖道、八道諦。正見，能見眞理。正思惟，心無邪念。正語，言無虛妄。正業，住於清淨善業。正命，依法乞食活命。正精進，修諸道行，能無間雜。正念，能專心憶念善法。正定，身心寂靜，正住眞空之理。

這三十七種幫助眾生趣入無上正等正覺的方法，除了能使眾生開悟解脫，證得漏盡通，乃至悟入無上整等正覺之外，其中如四神足的修持，更能引發種種不可思議的神通能力。

神通境界差別的原理

種種神通變化的現象，最根本的原理是緣於宇宙的體性是空，是無常的，能變化的。因此只要具備足夠的條件，即使尚未能了悟神通變化的原理，也能具備神通能力，一般世間的神通就是屬於此種類型。

當然，如果能體悟宇宙的實相，對神通變化的理則更加通達，其變化的境界自然更加高明，如悟道的阿羅漢，辟支佛的神通，即屬此類。

如果了悟了宇宙空的實相，卻能從中生起大悲心，誓願度化眾生，由於這種強大的動機，而來學習神通，這種從空中出生如幻的救度，卻無所執著，了知《金剛經》中所說：「如是滅度一切眾生，而實無眾生得滅度者。」這種智慧稱為「般若波羅蜜」，而其所具足的神通，則稱為「神通波羅密」，這是菩薩所具有的神通。菩薩的神通和二乘聖者相較之下，更加廣大不可思議。

而最圓滿的神通，則是如來的神通，佛陀是無上的大覺悟者，周遍體解了宇宙的實相，所以如來的神變可以說是宇宙實相的全體體現，對眾生而言是不可思議的神通境界，對如來而言，則法界本然如是。

⊙世間常見的神通變化

前述所說的神通，是依於實相智慧所生起，屬於出世間的神通。此外，在《宗鏡錄》卷十五中，依獲得神通的方式，將神通分爲道通、神通、依通、報通、妖通等五種種類，其中道通就是指由於了悟實相之理所發起的神通，也就是除了智慧解脫的漏盡通之外，同時具足天眼、天耳、他心、宿命、如意通等五通，也就是六通同時具足的神通。

而道通、神通、依通、報通、妖通，則是一般世間常見的神通類型。其中「神通」是指以禪定力所引發的神通能力，而「依通」則是指由藥力、符籙、或是咒語所獲得的神通力。「報通」則是依業力的果報所獲得之神通力，天人、阿修羅、鬼神等的通力，都是屬於此類。如在《起世因本經》卷七中，說諸天人有十種特別之處，其中有「行來去無邊」、「來去無礙」、「行腳無蹤跡」，而且身自然光明，有神通力，能飛騰虛空。這是屬於天人報得的神通。

除了前述所說的神通之外，道家也有類似的神仙變化之術，如化石爲水、消金作液的金丹變化，召致蟲蛙、合聚魚鱉的法術變化；入淵不溼、蹴刃不傷的神通變化；以及變易形貌、興雲吐霧的幻術變化，除了金丹變化屬於煉丹術之外，餘均與古來相傳的巫術、方術及西來的幻術、佛教神通有關。

在《抱朴子》〈對俗篇〉中說：「若道術不可學得，則變易形貌，吞刀吐火，坐在立亡，興雲起霧，召致蟲蛇，合聚魚鱉，三十六石立化爲水，消玉爲怡，潰金爲漿，入淵不沾，蹴刃不傷，幻化之事，九百有餘。」

在《後漢書》中也記載，費長房有神術，張霸好道術，能作五里霧。葛洪所著的《神仙傳》及《抱朴子》其他篇也多記載奇異之事，如：左慈兵解、甘始不飲食，費長房縮地脈、李仲甫能隱形，都見於神仙傳。

至於有關墨子五行記的傳授，卷八記載一個名爲劉政的神仙之術，他：「凡年百八十餘歲，色如童子。能變化隱形，以一人分作百人，百人作千人，千人作萬人。又能隱三軍之眾，使成一叢林木；亦能使成鳥獸。設取他人器物，易置其處，人不知覺。又能種五果，立使華實可食……又能一日之中行數千里，能噓水興雲、奮手起霧，聚土成山，刺地成淵，能忽老忽少，乍大乍小，入水不沾，步行水上。」

而在這種變化之術中，也包含用藥及符籙所產生的神通，如葛洪敘述墨子《五行記》中用藥及符的變化之術：「其法用藥用符：乃能令人飛行上下，隱淪無方，含笑即爲婦人，蹙面即爲老翁，踞地即爲小兒；執杖即成林木，種物即生瓜果可食；畫地爲河，撮壤成山，坐致行廚，興雲起火，無所不作也。」

除了能在空中飛行，隱身自在，「畫地成河」、「撮壤成山」等變化之外，葛洪也提到在《玉女隱微》中，有「化形爲飛禽走獸、金木玉石、興雲致雨方百里、雪亦如之，渡大水不用舟梁，分形爲千人，因風高飛，出入無閒，能吐氣七色，坐見八極，及地下之物，放光萬丈，冥室自明，亦大術也。」

這種變化爲飛禽走獸、金木玉石等外形，能興雲下雨。降雪，能以一身分形爲千人，乘風高飛……。

此外，其中提到可「坐見八極，及地下之物」，則與天眼通的神力頗爲相似。

世間種種變化之術，種類之多，令人目不暇給，但是其變化的軌則卻是相同的。

⊙禪定與神通

要獲得神通，必須具有一定的條件，而最常見的要件則是禪定。但是，許多人以為入定就能產生神通，這是錯誤的觀念。除了有些人因為入定而引發宿世的神通之外，一般人在獲得初禪以上的定力之後，還是要透過正確的修習方法，才能引發神通。

禪定的定，是指令心專注而達於不散亂的精神作用，或是指在凝然寂靜的境界，原來是梵語 **samadhi**（三摩地、三昧）之音譯。我們經由規範的生活，也就是「戒」，來防止身心的散亂，再透過調身、調息、調心的修持，產生統一身心的定。

一切令心不散亂的修行，以及由此而有的特殊精神境界，都通稱為定，而其境界則有許多層次的差別。

佛教向來重視禪定的修學，是因爲禪定爲開啓智慧的基礎，並非以發起神通爲目的。禪定只是智慧的基礎，有定力而無智慧是無法解脫的。

如果依禪定的內容及其修行的階段，可以將禪定分爲多種，基本世間禪定包括四禪與四空定，合稱爲四禪八定。

四禪是指：

㈠初禪：遠離各種欲望，遠離各種不善法；有覺（粗糙的身體支分觸覺）有觀（細緻的中樞神經感受），離生喜樂，具足初禪。

㈡二禪：覺觀都止息了，內心清淨，心念統一，無覺無觀，定生喜樂，具足二禪。

㈢三禪：捨離喜心，依捨喜心而住，有念有正知，受身之樂，有捨有念而樂住，具足三禪。

㈣四禪：斷盡苦樂，已滅捨憂，故不苦不樂，依捨而念乃清淨，具足四禪。

而四空定則是：

㈠空無邊處定：得滅除一切物質現象的色境心想，而證入無邊的虛空定境。

禪定的境界

非想非非想處定：捨離無所有的感受，達於非想（粗想）非非想（有微細想）的境界

↑

無所有處定：厭離意識廣爲攀緣的苦境，滅除意識想，入於無所有的定境。

↑

識無邊處定：捨離外在所緣空境，緣於內心意識，入於無邊心識的定境。

↑

空無邊處定：滅除一切物質現象，證入虛空無邊定境。

↑

四　禪：斷盡苦樂，捨念清淨之禪

↑

三　禪：捨離二禪喜心，依捨喜心受大樂

↑

二　禪：一切覺觀止息，由禪定產生喜樂

↑

初　禪：遠離各種欲望、不善法而出生喜樂

行。

㈡識無邊處定：捨棄外在所緣的空境，唯有緣於內心意識，入於無邊的心識行。

㈢無所有處定：厭離意識廣緣的苦境，滅除意識想，證入無所有的定境。

㈣非想非非想處定：捨離無所有的感受，達於非想（無粗想）非非想（有微細想）的境界。

以上四禪八定之中，只有前七個定境能引生智慧，達到解脫，所以稱爲「七依處」，非想非非想處定，由於定心太細，所以無法產生智慧而達於解脫。

除了四禪八定之外，又有「無心定」，可分爲「無想定」與「滅盡定」，均爲滅除心、心所的定境；無想定係凡夫及外道誤認無想狀態爲眞正的涅槃而修習的禪定；滅盡定則是聖者修習無餘涅槃界的定境。

爲什麼要修習禪定呢?爲要使心統一，能以明鏡止水般的心，觀察諸法實相，獲得正確的智慧；使心空明，俾得採取適切的判斷及迅速確實的處置。

關於禪定的功德，簡單而言有如下五種：

1. 得現法樂住：有助於身心的樂住健康。此即禪被視爲安樂法門、健康法門之原由。

2.得觀（毘鉢舍那）：即得到開悟的智慧（漏盡智）。

3.得神通：即獲得天耳通、他心通、宿命通、天眼通、神足如意通等五神通。

4.生於勝有（殊勝幸福的色界與無色界）：投生於天界等殊勝的存有，這是一般人的看法，佛法中並不認爲如此，反而認爲人間苦樂攙半，適合修行，才是最殊勝的。

5.得滅盡定：唯有聖者才可得的清淨無心定，是比世間禪定非想非非想處定更加殊勝的禪定。

在禪定引起的神通中，有所謂的「十四變化心」，就是指在初禪、二禪、三禪、四禪所出生的神通變化。

⊙神境智通引發的十四種變化心

十四變化心，是指由神境智通所引發的十四種能變化心。又稱十四變化，或十四化心。在《俱舍論》卷二中說：「神境通果能變化心力，能化生一切化事。此有十四，謂依根本四靜處生有差別故。依初靜慮有二化心，㈠欲界攝，㈡初靜慮。第二靜慮有三化心，二種如前，加二靜慮。第三有四，第四有五。謂各自下，如理應思諸果化心依自上地必無依下。下地定生不生上果，勢力劣故。」

修四禪而得神境智證通，並依之而化現種種變化事時，其能變化心各於自地與下地有作用，所以初禪具有初禪地與欲界二變化心，二禪有二禪、初禪及欲界三變化心、三禪有三禪與二禪、初禪、欲界等三變化心、四禪也有自地與前四心，加起來總共有十四種變化心。

而這十四變化乃所作化事的類型，大約可分為八種類型。在《大智度論》卷六中說：「是十四變化心，作八種變化：一者能作小乃至微塵，二者能作大乃至滿虛空，三者能作輕乃至如鴻毛，四者能作自在能以大為小以長為短如是種種。五者能有主力，（有大力人無所下故言有主力）。六者能遠到，七者能動地，八者隨意所欲盡能得，一身能作多身，多身能作一，石壁皆過，履水蹈盤，手捫日月，能轉四大。地作水、水作地、火作風、風作火、石作金、金作石是變化。」

十四種變化心，是基本的變化，對佛、菩薩而言，其神通境界更加廣大不可思議。如《大乘義章》卷十八中就說，菩薩有二十種變化心，這是因為菩薩是四禪發神通，而上地能含下地之故，所以即使是住於初禪的菩薩，也已具有四禪的境界，所以在初禪、二禪、三禪、四禪各地時，皆能出生欲界、初、二、三、四禪等五種變化，所以共是二十種變化心。在《大乘義章》卷十八中說：「言二十者，菩薩依於四禪發通，一一皆能為五地化，所謂欲界乃至四禪故有二十，良以菩薩神通自在故能如是。」菩薩要生起種種變化事時，先作是念：「我當變化如是事。」然後入於禪定中，自然示現變化之事。

此外，佛陀的變化境界又和聲聞不同。聲聞行者依於十四變化所化現的諸多化身，要化主說話時，化身才會說，而且所說的音聲、內容都相同，而佛陀則不同。如《阿毘達磨俱舍論》卷二十七中說：「若一化主起多化身。要化主語時諸化身方語，言音詮表一切皆同故。有伽他作如是說：『

一化主語時，諸所化皆語，

一化主若默，諸所化亦然。』

此但說餘，佛則不爾，佛諸定力最自在故，與所化語容不俱時，言音所詮亦容有別。」

論中說，佛因定力最自在的緣故，化主與化身所說的話不必同時，而語音、詮釋也有所不同。在《大乘義章》卷十八中，就有佛陀的化影在佛陀入滅後，仍然留在羅刹崛的記載：「如佛滅後餘留影像住羅刹崛，母從天來起坐說法。」這個化影在佛母來此石窟時，還起坐說法。

⦿開悟者的神通

佛法的神通以智慧爲體性。經典中常以「明」來分別悟道者的神通與世間神通的不同。

明，（梵語 vidy）音譯作吠陀、苾馱，是灼照透視之意。意指破愚癡之闇昧，而悟達眞理之神聖智慧。據《佛地經論》卷二記載，由於明能除闇，故以慧爲自性；由於明爲無明之相對者，故以無癡之善根爲自性。據原始佛教經典《三轉法輪經》記載，修八聖道，解四諦理，成就眼、智、明、覺（皆表智慧之語），即得趣入涅槃。

佛法中常說的「三明六通」，其中「三明」就是指天眼明、宿命明、漏盡明，而六通則是天眼通、天耳通、他心通、宿命通、神足通、漏盡通。在《大智度論》卷二中，記載著「通」與「明」的不同：

「神通、明有何等異？」

答曰：「直知過去宿命事，是名通，知過去因緣行業，是名明，直知死此生彼，是名通，知行因緣際會不失，是名明。直盡結使不知更生不生，是名通，若知漏盡更不復生，是名明。」

以「宿命通」和「宿命明」為例，兩者有何不同呢？如果能了知過去宿命現象，如此名為「宿命通」，如果能進一步了知過去因緣行業，如此稱為「宿命明」。

宿命通只能看到過去生的生命現象，卻無法明晰了解其因緣，而宿命明則是除了看到現象之外，還能了解現象背後的因緣。

同樣的，能觀察從此生死後投生彼處，是名「天眼通」，能了知為何如此的因緣際會，不失正念，則稱爲「天眼明」。就如同古代兩個具有神通的人，同時以天眼觀察未來，其中一人看到汽車在街上奔馳，但可能只能看到車子，卻不知道這個東西是做什麼用的。而另一個具有天眼明者，他不但看到，而且能了知這是一種交通工具，在過去是牛車、馬車，後來演變爲汽車、甚至未來的太空梭、太空船。

同樣的，如果能斷煩惱，稱爲「漏盡通」，但不知其未來否會再生起，如果了知煩惱盡除後，不再生起，如此稱爲「漏盡明」。

這種智慧神通是已經解脫的大阿羅漢、大辟支佛才有的。但是這和如來的神通境界又有差別，阿羅漢、辟支佛雖然能了知過去、現在、未來種種因緣，卻尙不能遍達。

此外，在經典中也常將三明六通並列，以此來形容證得俱解脫的大阿羅漢。所謂的「三明」（梵語 tri-vidya），又稱爲三達、三證法，達於無學位，除盡愚闇，而於三事通達無礙之智明。即：

1.宿命智證明：又作宿住隨念智作證明、宿住智證明、宿住智明、宿命智。是指明白了知我及眾生一生乃至百千萬億生相狀之智慧。

2.生死智證明：又稱為死生智證明、天眼明、天眼智。即了知眾生死時生時、善色惡色，或由邪法因緣成就惡行，命終生惡趣之中；或由正法因緣成就善行，命終生善趣中等等生死相狀之智慧。

3.漏盡智證明：又作漏盡智明、漏盡明、漏盡智。這是了知如實證得四諦之理，解脫漏心，滅除一切煩惱等之智慧。

這三明相當於六通中的宿命通、天眼通及漏盡通。由於三者都是以智慧對治愚痴，所以稱為三明。在《俱舍論》卷二十七中將這三明，稱為無學明，也就是說，這三明是由無學的阿羅漢聖者所生起的境界。其中前二明有時也起於前三果的有學聖者，而不限四果阿羅漢，但是第三漏盡明則僅有阿羅漢能證得。

此外，在《瑜伽師地論》卷六十九中記載，宿命明可離常見，天眼明可離斷見，而漏盡明則可得中道。

在《大毗婆沙論》卷一〇二中記載，宿命明因見過去事而生厭離，天眼明因見未來事而生厭離，漏盡明既已厭離，乃欣樂涅槃。

開悟的聖者，具足了以智慧爲核心的根本神通——漏盡通，甚至更進而從禪觀發起天眼明、宿命明、漏盡明，及天耳通、他心通、如意通，共稱爲三明六通。他們所展現的神通境界，在深度和廣度上，都超越了世間的神通境界。

◎菩薩的神通波羅蜜

神通波羅蜜是菩薩所特有，度化眾生至彼岸的善巧方便。與般若波羅蜜有密切的關係。菩薩安住在一切法空的般若波羅蜜中，卻不會如同二乘聖者一樣入於寂滅，而能生起神通波羅蜜，行如幻大悲的救度事業。這是因爲菩薩的悲心廣大難思，於是能從空中生出如幻的境界，現起不可思議的神通變化。

1. 菩薩爲了度化眾生而學神通

在佛法中，小乘是以解脫爲重心的，因此當一個人修證成爲阿羅漢或辟支佛時，就解脫證入於涅槃。同時他不再接受無明相續的生命存有，而證入寂滅的境界。但是菩薩由於大悲心的展現，所以能在現空的法界中，不入涅槃，而生起如幻三昧，示現無邊的幻化身，來救度眾生。

由於菩薩一心行般若波羅蜜的緣故，如果發心修持神通，則能發起神通波羅蜜。如《大智度論》卷四十引經中所說：「有菩薩摩訶薩，行般若波羅蜜時，修神通波羅蜜，以是神通波羅蜜受種種如意事，能動大地，變一身為無數身，無數身還是一身，隱顯自在，山壁樹木皆過無礙如行空中，履水如地，凌虛如鳥，出沒地中如出入水，身出煙炎如大火聚，身中出水，如雪山水流，日月大德威力難當而能摩捫，乃至梵天身得自在，亦不著是如意神通。」

為什麼菩薩要學習神通呢？在《大智度論》卷九十四中說：「若菩薩遠離神通波羅蜜，不能得饒益眾生，亦不能得阿耨多羅三藐三菩提，是菩薩摩訶薩神通波羅蜜，是阿耨多羅三藐三菩提道。」

經中說神通波羅蜜是「阿耨多羅三藐三菩提道」，意思是「成就無上正等正覺」的佛道，遠離神通波羅蜜，就無法饒益眾生。

2.具足般若波羅蜜的菩薩神通

菩薩的神通波羅蜜，依大悲起用之外，並了知神通境界空幻不可得，於其中不生執著，所以《大智度論》同卷中說：「是菩薩摩訶薩行般若波羅蜜時，能生如是天眼，用是眼觀一切法空，見是法空不取相不作業，亦為人說是法，亦不得眾生相，不得眾生名。如是菩薩摩訶薩用無所得法故，起神通波羅蜜。」

而在《大智度論》卷三十七中，更進一步說明神通不可執著的道理。經中說：「問曰：菩薩何以故不作是念。我以如意神通飛到十方。供養恭敬如恒河沙等諸佛。

答曰：已拔我見根本故，已摧破憍慢山故，善修三解脫門三三昧故，佛身雖妙，亦入三解脫門，如熱金丸，雖見色妙，不可手觸。

又諸法如幻如化，無來無去無近無遠，無有定相，如幻化人誰去誰來，不取神通國土此彼近遠相故無咎。若能在佛前住於禪定。變為無量身至十方供養諸佛無所分別。已斷法愛故。餘通亦如是。菩薩得是五神通，為供養諸佛故，變無量身顯大神力，於十方世界三惡趣中度無量眾生。」

論中說這是因為諸法如幻如化，無來無去，無有定相，不可執著，所以菩薩了知此實相，故於神通不可執著，而能示現神通廣度一切眾生。

在《大智度論》卷八十六中，引述佛陀自說其於菩提樹下神通的經驗來說明神通不可執著，與智慧相應，而得證無上正等正覺。經中說：「我於是諸禪不受果報，依四禪住起五神通，身通、天耳、知他人心、宿命通、天眼證，於諸神通不取相，不念有是神通，不受神通味，不得是神通，我於是五神通不分別行。須菩提！我爾時用一念相應慧，得阿耨多羅三藐三菩提。」

菩薩體悟神通事及己身皆不可得，由此不生執著。由於自性空故，自性離故，自性無生故，所以菩薩除了因爲菩提心之外，不會生起：「我得神通的心」，同樣的，菩薩以天耳清淨，能聞天上及人間，但卻不執著，同樣的，對他心通智也是如此。

3.菩薩神通的特色

緣於度化眾生的悲心，及智慧的廣度不同，菩薩的神通所展現的風貌，又比二乘聖者豐富許多。

除了六種基本的神通類型之外，在《華嚴經》中記載著十地菩薩具有十種神通智明：

1.善知他心智明：如實了知一切眾生的心念。

2.無礙天眼智明：指菩薩能照見種種眾生死於此處生於彼處，所投生的善惡諸趣，及其所受之痛苦快樂，乃至種種思願業行等。

3.深入過去際劫無礙宿命智明：菩薩得證九世眼，所以對過去世一切世界自身及他者之本生因緣，以及過去諸佛因果等，悉皆能憶念。

4.深入未來劫無礙智明：菩薩能了知一切世界未來無量眾生的業報現象及未來諸佛的因果。

5.無礙清淨天耳智明：即菩薩成就無礙天耳，於十方世界遠近等一切音聲皆能隨意而聞，於如來所說皆能聞持不忘失，廣說妙法而度化眾生。

6.安住無畏神力智明：菩薩能自在無礙來往參訪十方世界現在諸佛處所，讚歎供養，常聞正法，成滿勝願，修習無量妙行。

7.分別一切言音智明：菩薩能了解無量世界，無論是有佛法之地，或是無有佛法的非人等一切之語言及其法義。

8.出生無量阿僧祇色身莊嚴智明：菩薩善知一切色身，而也深入無色身之法界，隨其所應住持而變現無量無邊之色身，以度化眾生。

9.一切諸法眞實智明：菩薩了知一切法之眞實義，不執著世間方便之義理，也不執著究竟解脫的義理，不捨離本願，能攝取眾生，恆具足成就無礙自在的智慧作用。

10.一切諸法滅定智明：菩薩在滅盡定寂然不動，而也不捨大慈悲，滿足一切菩薩行。

除了三明六通的基本神通變化之外，菩薩大三昧的境界更是不可思議。而其中的如幻三昧可說是一切菩薩三昧的根本，也是諸佛、菩薩示現無邊妙身救度一切眾生的緣起。

大悲菩薩修習三昧——空、無相、無願三昧，而不證入涅槃實際，顯現無邊廣大的救濟事業，這是如幻三昧現起的因緣。

修持如幻三昧的菩薩，已經能夠自在地出入涅槃的境界，不受無明生命的存有限制，但是由於大悲心的緣故，仍然可以留惑潤生，不安止在寂靜涅槃之中，而廣度眾生。他可以在一切的法界因緣當中，參與救度其他生命的種種幻化。

在《大寶積經》卷一百五善住意天子會〈神通證說品〉中，善住意天子請問如幻三昧的境界，文殊師利菩薩即為他示現了如幻三昧：

「時，文殊師利如言即入如幻三昧，應時十方如恒沙等諸佛國土一切境界，自然現前。」

依此可見文殊菩薩如幻三昧的廣大威力，也可了知如幻三昧能自然顯示一切諸佛國土微妙眾事。另外龍樹菩薩在《大智度論》卷五十中更說明入出如幻三昧的因緣：

「入如幻三昧者，如幻人一處住，所作幻事，遍滿世界，所謂四種兵眾，宮殿城郭，飲食歌舞，殺活憂苦等。菩薩亦如是，住是三昧中，能於十方世界變化，遍滿其中：先行布施等充滿眾生；次說法教化，破壞三惡道，然後安立眾生於三乘一切所可利益之事，無不成就。是菩薩心不動，亦不取心相。」

而此如幻三昧的現起，是菩薩在八地中順入眾生心，順觀一切眾生心之所趣，而發起大悲之後的成就。因為菩薩若住於七地，不著我等二十種法見，盡行十八空而成具足空，一切無可得，欲取涅槃。這時，因自具大悲種種因緣及十方諸佛擁護，所以還生度一切眾生心，生起如幻三昧，示現不可思議境界。但因根本體性無著的緣故，所以心自不動，亦不取任何心相；因此，如是救度一切眾生，實無一眾生得度者。正如同《金剛經》所說：「如是滅度無量無數無邊眾生，而實無眾生得滅度者。」

在《大乘莊嚴經論》卷二中說明菩薩的神通有三種廣大：「菩薩神通有三種大：

一、自在大，眾生由煩惱故不得自在，菩薩智力能自在安置故。

二、歡樂大，由常勤利益眾生一向樂故。

三、無畏大，行三有中得極勇猛如師子故。

菩薩安住於諸法實相，行般若波羅蜜，因大悲方便力而出生神通波羅蜜，如此生起天眼、天耳、神足通，及他心智、宿命智、了知眾生生死。

菩薩的神通境界，其中最被廣為傳誦的，要算是觀世音菩薩的無量化身了。化身千百億的觀世音菩薩，常以女性慈母形象出現，手持淨瓶、楊柳，此外，就有所謂的三十三體觀音，在西藏佛教中也有六觀音，金剛界、胎藏界的觀音又各有不同的形態，可說是千變萬化。

據〈觀世音普門品〉中所說，菩薩有三十三種應化身，這些應身都是眾生應以何身得度者，菩薩即現何身而爲說法，應以童男童女身得度者，即現童男童女身而爲說法；應以佛身得度者，即現佛身而爲說法。所以此時菩薩並不一定以菩薩的形象出現，他可能是婆羅門，可能是比丘、比丘尼，亦可以是帝釋身、大自在天身、夜叉身、阿修羅身，這種種身都是爲了大悲教化眾生而隨順應現的。

經典中所記載的觀音化身，可以歸納爲以下幾類：

1.聖者三位：佛身、辟支佛身、聲聞身。

2.天界六種：大梵王身、帝釋身、自在天身、大自在天身、天大將軍身、毗沙門身。

3.道外五族：小王身、長者身、居士身、宰官身、婆羅門者。

4.道內四眾：比丘身、比丘尼身、優婆塞身、優婆夷身。

5.婦童五級：長者婦女身、居士婦女身、宰官婦女身、婆羅門婦女身、童男身、童女身。

6.天龍八部：天身、龍身、夜叉身、乾闥婆身、阿修羅身、迦樓羅身、緊那羅身、摩睺羅迦身。

7.二王一神：執金剛身。

這些身形從佛位至道外眾生、天界到阿修羅等等，爲了隨順眾生根機的千變萬化而變種種身。

爲什麼觀世音菩薩能成就這不可思議的化身呢？這是由於其大悲願力不可思議的緣故。

在《華嚴經》中善財童子在參訪觀世音菩薩時，觀世音菩薩曾具體說明其本願：

「善男子！我已成就菩薩大悲行解脫門。

善男子！我以此菩薩大悲行門，平等教化一切眾生，相續不斷。

善男子！我住此大悲行門，常在一切諸如來所，普現一切眾生之前。或以布施攝取眾生，或以愛語，或以利行，或以同事攝取眾生。或現色身攝取眾生；或現種種不思議色淨光明網攝取眾生；或以音聲，或以威儀，或爲說法，現神變，令其心悟而得成熟。或爲化現同類之形，與其共居而成熟之。

善男子！我修行此大悲行門，願常救護一切眾生，願一切眾生離險道怖，離熱惱怖，離迷惑怖，離繫縛怖，離殺害怖，離貧窮怖，離不活怖，離惡名怖，離於死怖，離大眾怖，離惡趣怖，離黑闇怖，離遷移怖，離愛別怖，離怨會怖，離迫身怖，離逼迫心怖，離憂悲怖。復作是願：願諸眾生，若念於我，若稱我名，若見我身，皆得免離一切怖畏。

善男子！我以此方便，令諸眾生離怖畏已，復教令發阿耨多羅三藐三菩提心，永不退轉。」

由於觀世音菩薩的悲願，救度眾生需要何種方便，觀世音菩薩就具足何種神力。

在〈普門品〉中也有載明菩薩聞聲救苦的廣大方便，並為了眾生應以何身得度即現何身而為說法的千百億化身，而遊諸國土度脫眾生，示現種種不可思議神通。

⊙如來的神變——宇宙實相的體現

相較於二乘聖者及菩薩的神通，如來的神通更是廣大不可思議。

在經典中，常將佛菩薩的神通變化稱為「神變」（梵文 vikurvana）是指佛、菩薩為了教化眾生，以超越人間的不可思議神通力，所做的種種神通變化。

如《長阿含經》卷一中，就描寫佛陀：「於大眾中上昇虛空，身出水火，現諸神變，而為大眾說微妙法。」《菩薩瓔珞經》卷一也說如來：「放大光明靡所不照，復以神變感十方。」在《大日經疏卷一》也提到佛菩薩以神變加持眾生，即佛菩薩為了教化眾生，於其身上示現種種不可思議之變異，並依此神變加持力，使眾生蒙受利益。

《大寶積經》卷八十六中舉出如來有三種神變：說法、教誡、神通等三種神變，分別對應於意、語、身等三者。

此外，最常熟為人知的神變，則是如來的十八種神變。神足通的能變：有震動、熾然、流布、示現、轉變、往來、卷、舒、眾像入身、同類往趣、顯、隱、所作自在、制他神通、能施辯才、能施憶念、能施安樂、放大光明等十八種，又稱爲十八神變。

爲什麼如來能示現佛陀廣大不可思議的神通呢？這是由於如來體現宇宙的實相，具足無上圓滿悲心與智慧的緣故。

如來特德的根本源自於大悲和大智。佛陀是偉大的覺者，一方面是自覺，另一方面是覺他。而這種圓滿成就大智、大悲的過程，就是自覺覺他的過程，其核心就是菩提心。

佛菩薩發起菩提心後，以大悲心爲動力，並以智慧出生種種方便來拔除其他生命的苦痛，而後，依智悲行圓滿智悲果，即菩提果，也就是無上阿耨多羅三藐三菩提——無上正等正覺，也就是佛。佛是自覺，覺他圓滿，也是悲、智圓滿。

佛是成就智慧和悲心圓滿者，而菩薩則是朝向無上智慧和悲心圓滿的實踐者。小乘的聖者是智慧的圓成者，但是悲心並不圓滿。小乘聖者的智慧和大乘聖者的智慧，基本上是一樣的，但是，大乘菩薩的智慧裡必須蘊含大悲，這種悲、智交融蘊含是小乘聖者所不具足的。佛陀更是圓滿成證大悲、大智，悲智交融，成就一切智慧。

諸佛如來是以無上菩提的智慧爲體性，並具足大慈、大悲及大智、大定及十八不共等法，這些不共之法，可以稱之爲如來的功德法身。佛陀所示現的不可思議神通境界，乃依其大智、大悲、大定及功德所成就，而這不可思議的神通力量，也是以救度衆生，讓衆生解脫自在，乃至成就無上菩提，圓滿佛果而運用的。

在如來的十種神力中，其中有三種是與常見的六通有直接關聯的：

1.宿命智力：又稱作宿住隨念智力，就是如實了知過去世種種事之力；如來對衆生種種宿命，一世乃至百千萬世，一劫乃至百千萬劫，從此處死亡投生於彼處，並且對姓名飲食、苦樂壽命，皆能如實遍知。

2.天眼力：又作「知天眼無礙智力」死生智力。這是說如來以天眼通如實了知衆生死生之時與未來生之善惡趣，乃至美醜貧富等善惡業緣。

3.漏盡智力：又作「智永斷習氣智力」，是指如來於一切惑餘習氣分永遠斷除不出生，能如實遍知。

這三種神力是大菩薩、大阿羅漢的宿命通、天眼通、漏盡通所無法相比較的，只有佛陀獨具的圓滿神通力。

第二章 神通常見的顯現方式

神通的現象千變萬化，古來神通的分類也有許多種。從神通的作用來觀察，主要可分成六種類型，即天眼通、天耳通、他心通、宿命通、如意通等五通及漏盡通。

天眼通是能自在照見世間一切萬物遠近的形色，及六道眾生苦樂的種種現象。

天耳通是指能自在聽聞世間種種音聲，及六道眾生一切苦樂言語。

他心通是指能自在得知天、人、修羅、地獄、餓鬼、畜牲等六道眾生心念。

宿命通是指能了知自身及其他六道眾生一世二世，乃至百千萬世的宿世因緣。

如意通又稱爲神足通，就是能隨意變現，身體能飛行於虛空中，翻山越海，一切行動都沒有障礙。

漏盡通，「漏」是煩惱的意思，漏盡是指斷盡一切煩惱，不再受生死而能解脫，是屬於智慧神通，這是開悟的聖者和佛菩薩所具有的神通。

這六種神通，是依佛陀在菩提樹下，爲了降伏魔王，證得無上菩提，廣度眾生所生起的六種能力，而這六種能力中，其實最重要，也是最核心、最殊勝的，是佛陀最後所得證的無上智慧神通，究竟的漏盡通。

除了以上的分類之外，歷來對於神通尚有其他的分類，有些分類則依於神通獲得的方式來分別。

例如，在《宗鏡錄》卷十五中，就是依獲得神通的方式，將其分爲五種種類：

1. 道通：這是由於了悟實相之理，所發起的神通，神通也就是除了智慧解脫的漏盡通之外，同時具足天眼、天耳、他心、宿命、如意通等五通，即六通同時具足的神通。

2.神通：在此是指以禪定力所引發的神通能力。

3.依通：由於藥力、符籙、或是咒語所獲得的神通力。

4.報通：依業力的果報所獲得的神通力，如天人、阿修羅、鬼神等的通力，都是屬於此類。

5.妖通：妖怪、精靈所具有的靈通力。

而在《大乘義章》卷二十中，則將神通分為四種：

1.投生於四禪天的果報而自然所得到的「報通」。

2.由特殊的行為所獲致的，如：仙人依藥力自由飛空「業通」。

3.婆羅門依持咒所得的「咒通」，如婆羅門、仙人等。

4.依修禪定而得通力的「修通」。

除了這些分類之外，也有以神通的現象來分類者。此外，最常熟為人知的神變，則是如來的十八種神變：有震動、熾然、流沛、示現、轉變、往來、卷、舒、眾像入身、同類往趣、顯、隱、所作自在、制他神通、能施辯才、能施憶念、能施安樂、放大光明等十八種，又稱爲十八神變。

而在不同的經典中對十八神變的內容也有不同的說法。

在《法華經》〈妙莊嚴王本事品〉所說的十八種神變則是：「⑴右脇出水，⑵左脇出水，⑶左脇出火，⑷右脇出火，⑸身上出水，⑹身下出火，⑺身下出水，⑻身上出火，⑼履水如地，⑽履地如水，⑾從空中沒而復現地，⑿地沒而現空中，⒀穴中行，⒁空中住，⒂空中坐，⒃空中臥，⒄或現大身滿虛空中，⒅現大復小。

而《瑜伽師地論》卷三十七所說的十八種神變如下：

⑴震動：指能善動一切世界。

⑵熾然：指身上出火，身下出水。

⑶流沛：指流光遍照。

⑷示現：指能隨其所欲，示現佛土。

⑸轉變：令火成水，令水成火。

(6)往來：謂往來山石之中，無所障礙。

(7)、(8)卷、舒：謂能卷舒雪山等。

(9)眾像入身：謂納大眾、大地於己身中。

(10)同類往趣：謂能往趣彼處，同其色類。

(11)隱、(12)顯：是指隱身顯現出沒自在。

(13)所作自在：指能往來去往，毫無礙難。

(14)制他神通：指對一切具神通者所現起之神通悉能制伏。

(15)能施辯才：指一切有情辯才窮盡時，能給與辯才。

(16)能施憶念：指如果一切有情於法失於正念時，能使其憶起正念。

(17)能施安樂：指能令聽法者身心安樂。

(18)放大光明：指身能大放光明，作諸佛事。

以上的分類，將種種神通變化的現象統攝起來，讓我們更容易掌握神通現象變化的基本類型。

佛法中的六種神通

在探討神通的類型時，首先要介紹佛法中最常見的六種神通：天眼通、天耳通、他心通、宿命通、如意通（神足通）、漏盡通。

⊙天眼通

天眼通（梵文 divyaṁ-cakṣur-jñānaṁ），是指眼根所開展出來具有的特殊視覺能力，全稱爲「天眼智證通」，又稱爲「天眼智通」或「天眼通證」。有天眼通者，可以觀察到欲界、色界的情況。如《大毗婆沙論》卷一四一中說：「天眼智通緣欲、色界色處。」

《大智度論》卷五中則說：「天眼通者，於眼得色界四大造清淨色，是名天眼。天眼所見，自地及下地六道中眾生諸物，若近若遠、若覆若細諸色，無不能照。」天眼通能見自身所處世間及較低階世間六道的一切現象，不管是遠近或是粗細，無一不能明照。

天眼通中所觀察現在的十方世界，不只可以看到一般的鬼神而已，還可看到層層次次的天人，甚至還能看到外太空，甚至不只是看到一個太陽系而已，而是看到無窮的星系，甚至可以看到《阿彌陀經》中說的極樂世界。極樂世界和地球的距離，依經中所說是：「從此西去，過十萬億佛土。」即使這麼遠的距離，也可以看得很清楚。

天眼通又稱爲「死生智證通」，略稱「死生智通」，因爲天眼能觀察眾生從此處死投生彼處。不過天眼通、死生智，雖然都能了知有情之從此處死，從彼處投生，但是，天眼通只能看到這個現象，死生智則觀察得更詳細。

⊙天耳通

天耳通（梵文 divyaṁ-śrotraṁ-jñānaṁ），是可以聽到十方世界的訊息的能力，是指耳根所具有的一種特殊聽覺能力。具稱「天耳智證通」，又稱「天耳智通」、「天耳通證」。

在《集異門足論》卷十五中說：「以天耳聞種種音聲，謂人聲、非人聲、遠聲、近聲等，是名天耳智證通。」天耳可以聽聞種種人、非人的聲音，遠近等種種聲音。

在《大智度論》卷五中說：「云何名天耳通？於耳得色界四大造清淨色，能聞一切聲、天聲、人聲、三惡道聲。云何得天耳通？修得常憶念種種聲，是名天耳通。」其中說天耳通能聞一切聲音，無論是人間、地獄、畜牲、餓鬼的聲音，皆能聽聞。

天耳通是耳根所開發出來的特殊能力。然而，人類的耳朵到底可以聽多遠呢？經典中曾記載目犍連以天耳通測試如來佛音遠近的故事，結果他到了遠離地球數十億佛土之外的佛國土，還是聽得見如來說法的聲音。

由這個例子，我們可以看出，人類的耳根的確有可以聽到無量世界外聲音的潛力。在《妙法蓮華經》卷六中也提到，持誦《法華經》者，可成就千二種耳根功德，可聽聞十方世界一切音聲，但是由於這並非行者自力所獲得，也無法自在顯現，所以在佛法中認這並非神通的範疇，而將其視為持誦經典的感應。

雖然這並非天耳通，但是也可以做為我們觀察耳根特殊能力的一個例子。

經中說：「若善男子、善女人受持此經，若讀、若誦、若解說、若書寫，得千二百耳功德。以是清淨耳，聞三千大千世界，下至阿鼻地獄，上至有頂，鼓聲……笑聲、語聲、男聲、女聲……苦聲、樂聲、凡夫聲、聖人聲，喜聲、不喜聲，天聲、龍聲、夜叉聲……火聲、水聲、風聲，地獄聲、畜生聲、餓鬼聲……菩薩聲、佛聲。以要言之，三千大千世界中一切內外所有諸聲，雖未得天耳，以父母所生清淨常耳皆悉聞知。如是分別種種音聲，而不壞耳根。」經中說，依受持《法華經》功德的緣故，能聽聞一切世界內、外種種聲音，而且善巧分別，卻不會讓耳根受不了。

雖然這種境界還不是天耳通，但是由此我們可以了解人類的耳根，確實具有無比的潛能，所以證得天耳通是非常如理的。

◎他心通

他心通（梵文 paracitta-jñānaṁ），是指能了知其他生命心念的神通能力。又稱為「他心智證通」、「智心差別智作證通」。

在《大智度論》中說：「云何名知他心通？知他心若有垢，若無垢；自觀心生、住、滅時，常憶念故得。復次，觀他人喜相、瞋相、怖相、畏相，見此相已，然後知心，是爲他心智初門。」他心通能了知他者心中有垢染、無垢染，自觀心念生起、安住、消滅，觀察他人喜悅、瞋怒、恐怖、畏懼等種種相貌，然後能知其心念，這是他心通的初入門階段。

此外，在《大智度論》中則記載，依所修證的境界不同，他心通也有境界上的差別，如凡夫、聲聞、辟支佛，及諸佛菩薩的他心通境界都各不相同。

如《大智度論》卷二十八中說：「凡夫通於以上四禪地，隨所得通的禪境以下，能遍知一世界四天下眾生的心及心數法，聲聞通達於以上四禪地，隨所得通的禪境以下，能遍知一千世界眾生的心及心數法。辟支佛……能遍知百千世界眾生心及心數法。但上地鈍根的人，不能了知下地利根者的心及心數法。凡夫不知聲聞的心及心數法。聲聞不知辟支佛的心及心數法，辟支佛不知佛的心及心數法，所以要了知一切眾生的心所趣向，應當學般若波羅蜜。」

由此可知，不同的定力及智慧者，所證得之他心通，境界依其定力與智慧的力量而有差別。這種差別，初始是以禪定的深淺爲依據，其後則以智慧爲分別。所以《大智度論》才會認爲：爲了了知一切眾生心所趣向，應當學習般若波羅蜜。

當我們心念發起時，我們是無法覺察自己心念生起的狀況，因此，我們是無法覺察第一念的。不只如此，大部分人不要說第一念，事實上絕大多數的念頭，多數人都是無法覺察的。第一念了知就是眾生心念發出來的時候他同時了解，要具足第一念了知，必須能體悟一切的心念都是現空的，因爲都是完全空性的原故，因此發出心念與覺知心念者是完全同體。所以當覺知任何意念的發起時，能覺知者能與被覺知者現起無差別的境界；所以在同體覺知的情形下，就能夠與發出意念者，同一念了知。而第二念了知，則是對方心念發出來時，他以相對的心念與神通接受到，因此這種神通力是有限的。佛陀的他心通，就是同時能了知一切眾生的心想。

對佛陀而言，無數眾生的心想，相互干擾而無法接收呢?不會有這種情形，因爲佛陀是完全空的，而且是第一念了知，每一個眾生念頭發出來，同時接收到，因此不會有干擾的問題。

而在禪宗，也有一則關於他心通的公案，可以清楚看出一般他心通的限制。當時有一位大耳三藏自稱有他心通，慧忠國師即爲其戡驗，原來他可以看出慧忠國師心中所想，但是當慧忠國師心住於空，大耳三藏也無法覓得其蹤跡，可見一般的他心通還是要有心思可循，才能發揮作用，和他心智相較之下，境界又有差別。

⊙宿命通

宿命通，又稱宿住通（梵名 purvanivāsānusmṛti-jñānaṁ），是指憶念宿住事的神通力，全稱爲「宿住隨念智證通」，又稱宿住隨念智通、宿住智通或宿命通證、識宿命通。

在《集異門足論》卷十五中說：「能隨憶念過去無量諸宿住事，謂或一生，乃至廣說，是名宿住智證通。」這是說能憶念過去一生乃至無量劫之自身的名姓、壽命、苦樂及生死等事，稱之爲宿住智證通。宿命通只能憶知曾經所發生之事，無法像天眼通，看到未來尚未發生之事。

宿命通，是能了知自身及他人過去世，乃至久遠的時劫之前，是何種生命的神通。

宿命通和因緣法有極爲密切的關係，因緣法是佛法的核心，因緣果報是世間相續的事實。一般人常常把因果和宿命論混爲一談，卻不知二者是背道而馳的。因果並非宿命，因爲宿命是違反因緣法的，也不是因果的實相。因緣法是說明一切的眾相，都是由因緣條件所構成，並沒有獨立不變的實體，也沒有非因緣而現起的果報。

所以在佛法中，講述因果的事實，是在說明果報生起的原因，並非宣說沒有因，卻必須接受一種宿命的果；兩者完全相反，一是有因緣的無常論，一是不論根由的命定論。

因此，任何因果的事實，就佛法而言，都是爲了使生命昇華增上，離苦得樂，究竟解脫的教本。因果的教材，就是正確的生命實驗與錯誤生命實驗的教本，我們依據這樣的生命經驗而學習增上。

宿命通在佛法的教學上，具有下列重要的意義：

一、宿命通可以被運用來釐清生命現象的因果道理。

二、用宿命通來觀察因果，可以作爲我們生命學習的經驗範本，去除不良的生命經驗，安住在正道。

三、對一個菩薩行者而言，宿命通可以運用在觀察眾生根器，找到最合適的教育方法，來幫助其昇華解脫。

這就是爲什麼宿命通在佛法中運用如此廣泛的原因。

⊙如意通

如意通又名神足通，在《大毗婆沙論》卷一四一中說，這是由於此通所欲願一切如意，所以名爲「神」，引發於神，故名神足。

如意通（梵文 ṛiddhi viṣaga-jñānaṁ），是指隨意自在飛行，自在轉變境界，化現人等的神通力，又稱爲身通、神足通、如意足通、身如意通、神境智通、神境智證通、神境智作證通。

關於如意通的範圍，涵蓋很廣，甚至安住於智慧，對順、逆皆住於不動的捨心，能生起正念正知，如意自在，都是屬於如意通的範疇。

在《大智度論》卷五中記載，如意通有能到、轉變、聖如意等三種型態。

1.能到：此又分為四種類，一者身能飛行，如鳥飛空無礙；二者移置遠方的空間使變近，不必前往就能到達，三者從此沒從彼出；四者一念能至。

2.轉變：這是指如大能變化作小，小能變化作大，一能作多，多能化作一，種種諸物皆能自在轉變的能力。

3.聖如意：指能觀察色、聲、香、味、觸、法中不可愛、不淨之物為淨，觀可愛、淨物為不淨。這種聖如意法唯佛獨有。

在《大毗婆沙論》中，也將如意通分為五種：

1.世俗所欣樂：即分一為多，合多成一。

2.賢聖所樂：即於世間諸可意樂之事不住順境想，於諸世間不可意樂之事，不住違逆想。於可意、不可意事，皆能安住於捨，生起正念正知。

3.運身神用：這是指舉身凌虛，猶若飛鳥，也如同壁上所畫飛仙。

4.勝解神用：這是指神足通的無遠弗屆。由於此神通力故，或能安住於此洲，手捫日月，或在屈伸手臂之間，就到色究竟天。

5.意勢神用：這是指其眼識能抵達色頂，或上至色究竟天，或傍越無邊世界。

在《釋禪波羅蜜》卷十中說，如意通具備三種能力：一、能到，二、轉變，三、自在。

一、能到者，是指四種能力：㈠身能飛行，如鳥無閡。㈡移遠令近，不往而到。㈢此沒彼出。㈣一念能到。

二、轉變是指大能作小，小能作大，一能作多，多能作一，種種諸物皆能轉變。

三、自在者，是指外六塵中不受用不淨物，能觀念淨，可受淨物，能令其不淨，是自在法。其中並說：「如意神通，從修勝處、一切處，四如意足中生，是名證身如意通。行者得是身如意通，故即能隨意變現。」

⊙漏盡通

漏盡通（梵文 āsravakṣaya-jñānaṁ）「漏」是指「煩惱」，是指使眾生流轉生死的雜染的心理成份。「漏盡」是指煩惱淨盡，內心的染污成分完全消除，這也就是佛法中的解脫境界。證得這種境界，則不再墮入生死輪迴，這是佛法最重要的神通。

這時內心的貪嗔痴等諸毒盡除，就像樹木的根被刨起來，雖然枝幹暫時還會繼續生長，但終究會乾枯。而證得漏盡通的聖者也是如此，雖有些習氣尚未完全去除，但是根本會輪迴的煩惱已經斷除了。前五種神通是凡夫也能證得的神通，而漏盡通則是聖者的境界。在佛法的「三明」之中，這種境界也是其中之一，稱之爲「漏盡智證明」。

經典中常可見到一心修行解脫而生起漏盡通的聖者。

此外，在六通中的前五通，天眼通、天耳通、他心通、宿命通、如意通等前五通，是世間一般人，不管是經由自力或他力都能獲得的神通能力，但是六通中的「漏盡通」，以智慧徹底斷除一切煩惱，解脫自在的神通，這種依智慧力所成的神通，則是佛教特有的，是解脫的聖者才具有的神通。

但是，是不是所有解脫的聖者都同時具足六種神通呢？並不一定如此。解脫的阿羅漢，一般可分爲「慧解脫」與「俱解脫」二大類，慧解脫阿羅漢，常在未到地定或初禪的境界中，就發起斷除我見爲根本的一切煩惱，不再輪迴生死，但由於其尚未證入更高的禪定，而有定障，所以有時還是沒有發起前五通的廣大變化作用。在禪法中未證得滅盡定，而可發起慧觀解脫的禪定，稱爲七依處。這七依處包括了初、二、三、四禪及空無邊處、識無邊處、無所有處，在這七依處及前述未到地定徹悟解脫者，就稱爲慧解脫阿羅漢。

慧解脫阿羅漢，不管在七依處的何種定境中解脫，對於自身解脫處以上的定境，並不能自在獲得，而有定障的存在，所以不能得定、慧俱解脫的境界，而其神通力量，也依據是否修學而具有，不像俱解脫阿羅漢，能自在證得全部的六通。

有的阿羅漢是先入於慧解脫，這時必然具足一切煩惱淨盡的漏盡通，但還不一定有前五通。有的則是先具足慧解脫，再上證俱解脫。而有的則是在智慧、禪定上同時解脫，這時除了漏盡通之外，更具足前五通的神通變化，這就是「俱解脫」。

除了慧解脫及俱解脫之外，如果只有禪定能力，沒有具足開悟的智慧是不稱爲解脫的，雖然具有這種定能力者，能發起廣大神通，具足六通中的前五通，但是卻沒有具備最重要的智慧神通——漏盡通，無法解脫煩惱。

以上六種神通，是佛陀依照其在菩提樹下修證開悟，所發起的六種神通，把神通法門建構成完整的體系。

在這六通中，天眼、天耳、他心、宿命、神足，是世間共通的神通，只要修觀禪法或運用特殊的方便，不管是世間凡夫或是任何宗教的修行人，都能證得。但對佛法而言，最核心、最重要的神通是第六種神通：漏盡通。將所有的煩惱痛苦完全淨除，而獲得圓滿的智慧，才是最殊勝、最究竟的通。而漏盡通，只有阿羅漢、辟支佛或菩薩、佛陀方能得證，是佛法中不共的神通。

因此，佛教神通觀的發展，從禪定爲根本，昇華到完全以智慧爲重心，教法及神通的修學上是完全合理的。而且只有具足智慧的神通，以智慧發起的廣大神通，才能讓人生完全的光明、幸福，也才能帶給眾生無盡的喜樂與究竟的圓滿。

依咒語而產生的神通

咒語、咒術，是具有特殊力量的秘密語言，通常是作祈願時所唱誦的秘密章句。原來是向神明禱告，令怨敵遭受災禍，或要祛除厄難、祈求厄難時所誦念的密語。

眞言、咒語是由音聲發展出來的，而音聲和語言文字在人類文化的發展上具有不可思議的力量。傳說倉頡造字時，天地鬼驚神泣，文字和語言的創造，使文化、佛法、心靈產生了絕對的變化，在生命的發展上是很不可思議的，這是眞言能產生力量的原因。

如果從更高層來看，人類在很深沉很寂靜的狀況下，就像印度婆羅門教的修行人，他們在修習禪定時，在寂靜無聲的森林裡，靜靜地坐著，最後能聽到自己身體裡面的聲音、自己的心跳，身體每一個部位的聲音都聽得到。在愈來愈深的寂靜裡，他們發現身體裡竟然會產生流動，身體裡的氣息和通道共振，產生了種種聲音。

在道教中，認爲「咒」是天神的語言，又稱「神祝」、「神咒」等。《太平經》卷五十中說：「天上有常神聖要語，時下授人以言，用使神吏應氣而往來也。人民得之，謂之神祝也。」道家認爲具有感召神靈、役使鬼神的作用。太平道爲人治病除使用符水外，也使用「祈祝」，也就是咒術。其後咒術日趨發展，使用範圍日益擴大。《道藏》中就有許多涉及咒術的經書。在道教中，咒的名目很多，每一個符都有相應的咒與之相配，而也有無符單獨使用的咒，在齋醮儀式中，更是離不開各種神咒。

道家的咒語也具有神秘的力量，如葛洪採錄在登涉篇中的呪術所二的效用中，就可避不同的猛獸，如猛虎、及蛇龍之類：

「又法：以左手持刀開□，晝地作方，祝曰：『恆山之陰，太山之陽，盜賊不起，虎狼不行，城郭不完，閉以金關。』因以刀橫旬月中白虎上，亦無所畏也。」

「又法：臨川先祝日：『卷蓬卷蓬，河伯導前辟蛟龍，萬災消滅天清明。』」

而在《杜祭酒別傳》中記載杜祭酒一行人在山中以咒驅虎的故事：「君弟子三人，隨道士刑邁入宣城涇縣白水山，去縣七十里，餌求黃精，經歷年所，有鹿走依舍邊伏眠，邁等怪之，乃爲虎所逼，邁乃呪虎退，鹿經日乃去。」

除了一般宗教的咒語之外，佛教也融攝了咒語的修持方法。佛教的咒語的產生，可以說是愛好神秘的印度人，其民族性的自然流露。他們往往相信超自然力量的存在，如果專心的祈請，那麼以超自然界本來法爾所具有的本誓與念願爲媒介，就可以圓滿成就個人的願望，消除現實的困境與內心的痛苦，而進入解脫安穩的理想境界。

而原來修持瑜伽的觀行時，有時只是祈求諸天善神的冥助，常使人感覺到有所不足。於是，呼喚諸天的妙號，及表達祈求的意志等各種內容組合起來，就產生了持誦眞言的修行方式。眞言與本尊相應，確實會發起神通的力量。

當初龍樹菩薩在天竺國降伏外道時，即是以持咒之力出生種種神通變化降伏前來挑戰的外道。

龍樹菩薩度化了天竺國王，於南天竺大弘佛法，使大乘佛教大行於天竺，爲全國人民所崇仰。當時有一位婆羅門，來向他挑戰。

他們相約於清晨時分，在皇宮殿外鬥法。婆羅門到了之後，立刻在殿前持咒，化作一個大水池，池中長出千葉蓮華，婆羅門自坐於蓮華上，氣焰囂張地嘲諷龍樹菩薩坐地上與畜牲無異。龍樹菩薩一笑置之，也以咒術化現一頭六牙白象，行於水池中，靠近蓮華上，用鼻子將婆羅門高舉擲於地上，婆羅門因而腰受傷，終於甘拜下風。

除了一般世間的咒語之外，佛法中的眞言咒語有更深刻的意義。這是由於持誦者了悟眞言，它是從甚深的體性中產生的，所以我們持的咒每一個字都有其眞實的意義。正如同弘法大師所說：「眞言不思議，觀誦除無明，一字含千理，即身證法如。」

一語有其秘密義，整個詞合起來有更深旳秘密義。我們身心體性不一樣，也有它深層的秘密義，如果能如是體悟，更能了知其中秘義。所以眞言爲什麼是諸佛語言，因爲它是諸佛在性空中現起的語言，是在柔軟的大作用中現起的語言，是在大悲如幻當中現起的語言。所以我們在修持眞言時必須掌握兩者，一是掌握其法性秘密，一是掌握其緣起秘密。法性秘密是了悟我與諸佛一體同。掌握緣起的秘密是指諸佛如是因、如是緣、如是果，如是本末究竟、如是願力，我等皆能了知。此眞言道是依合而生起，掌握此因緣、性向、特德，如此就能修持眞實的體性作用。

在佛教的眞言中，傳誦極爲普遍，感應無數的「千手千眼無礙大悲心陀羅尼」就是觀世音菩薩大悲願力所宣說的眞言咒語。根據《大悲心陀羅尼經》所描述：過去無量億劫有千光王靜住如來出世，因爲憐念一切眾生，所以宣說廣大圓滿無礙大悲心陀羅尼，當時，觀世音菩薩一聞此咒，就從初地直超第八地菩薩境界，心得歡喜，所以發心一身生出千手千眼，以利益安樂一切眾生的廣大誓願，並應時身上具足千手千眼，而此咒也就成爲千手千眼觀世音菩薩的眞言。

根據《大悲心陀羅尼經》所說，誦持此咒者，可免受飢餓死、惡獸殘害死等十五種惡死，而得眷屬和順、財食豐足等十五種善生，或療治各種疾病、蟲毒、難產、死產等疾病。

在其他經典對眞言的功德效用也多有記載，如：《不空羂索毗盧遮那佛大灌頂光明眞言經》說的光明眞言，使聞者滅除其所有之罪障；又如誦光明眞言，加持於土砂，將土砂撒於死骸或墓上，藉此加持力，則可滅亡者之罪，而使亡者得以往生西方極樂世界。

光明真言咒輪

符籙所產生的神通

符籙，是道教秘術的一種。「符」又稱「符圖」、「神符」等。根據道教的說法，符是道士從天那裡得來的，獲得的方式有兩種：一是天神將符在天空以雲彩顯現出來，道士描錄下來以傳世；一是天神直接傳授給某一位相應的道士。符籙能防身卻害，在《抱朴子》〈登涉篇〉嘗論述符籙護衛的作用：「上士入山，持三皇內文及五岳眞形圖，所在召山神，及按鬼錄，召州社及山卿宅尉問之，則木石之怪，山川之精，不敢來試人。」

在《後漢書．費長房傳》也記載，費長房曾畫一符，並說此符可以「主地上鬼神」，「能醫眾病，鞭笞百鬼，及驅使社公」。可見得早在道教創立之前，符就是方士們用以驅鬼治病的手段，後爲道士採納沿續使用。

符的使用方法有「服」和「佩」兩種，「服」就是將神符焚燒成灰，和水吞下；「佩」則是將神符按照一定的方式佩戴。據說服符、佩符都能達到「災害不能傷，魔邪不敢難」的功效。相傳符水可以爲人治病，符咒可以召劾鬼神。魏晉南北朝以來，符圖之術更加興盛，如葛洪雖然是金丹派道士，但也非常重視符圖，認爲把丹符書字釘於門戶或樑柱上，可以避邪，佩符入山，可以避虎狼。

在《列異傳》中，有一則「魯少千劾蛇」的故事，是符籙具有降妖神通的記載：

「魯少千者，得仙人符。楚王少女爲魅所病，請少千。少千未至數十里止宿．夜有乘鼈蓋車從數千騎來，自稱伯敬，候少千。遂請内酒數殘，肴餕數案。臨別言：「楚王女病，是吾所爲，君若相爲一還，我謝君二十萬。」千受錢，即爲還，從他道詣楚，爲治之。於女舍前，有排户者，但聞云：「少千欺汝翁！」遂有風聲西北去，視處有血滿盆。女遂絕氣，夜半乃蘇。王使人尋風，於城西北得一死蛇，長數丈，小蛇千百，伏死其旁。後詔下郡縣，以其日月，大司農失錢二十萬，太官失案數具；少千載錢上書，具陳說，天子異之。」（廣記四百五十六）

相傳魯少千曾得一仙人之符，當時楚王的女兒爲妖魅所病，請少千前往醫治。少千正在前往楚國的途中，夜晚止宿時，有一位自稱伯敬的公子，帶領著上千個隨從騎士來等候少千。

少千入內之後，酒過三巡，臨別之時，這位伯敬對少千說：「楚王女兒的病，是我所為，如果你肯放手還鄉，我便酬謝你二十萬。」說著就將銀錢交給少千。

少千沉吟了一番，於是收下銀錢，假裝還鄉，卻從另一條路途到楚國，用仙符為王女治病。

次日，在楚王女兒的房前，只聽得一聲大叫：「少千騙我！」接著就一陣風聲往西北去，來人前去查看，只見地上有血跡滿盆。楚王女兒也氣絕，至半夜才甦醒。楚王命人循著風聲所去的方向追查，在城西北之處發現一條死蛇，長有數丈，旁有小蛇數千死在其旁。

後來皇宮下詔，就在少千接受銀錢那天，大司農失竊銀錢二十萬，於是少夫就帶著那些錢稟報太子，聞者無不驚異。

許多符籙降妖的方式，大都類似此。符術在晉朝流行，因此符術傳說也最常見，而且多與當時著名的道士有關：如《搜神記》所記載，就有謝紀以朱書符致鯉魚作膾（卷二）、郭璞以符變化小豆爲赤衣人，並驅之投井（卷三）、吳猛以符救人、止風（卷一）；至於《史傳》也記載符術，《晉書》〈藝術傳〉有淳于智書字而伏鼠怪；〈晉．諸公別傳〉也記載許邁作符召鼠（御覽九二），可見符祿所產生的神通也極爲普遍。

在佛教中也有護身的靈符，又稱作護符、神符、靈符、秘符，就是書寫佛、菩薩、諸天、鬼神等的形象、種子、眞言之符札。將其置於貼身處，或飲下符水，可蒙各尊之加持護念。護身符的種類極多，依祈求者祈願的意趣而有各種差別；而其作用也很多，可除厄難、水難、火難及安產等。

依藥物產生的神通

藥物所產生的神通，最早可追溯到追尋長生不老的神仙思想。人都嚮往長生不老，因此而產生神仙修鍊及仙藥的故事。早在戰國時，就流傳著嫦娥服食西王母不死之藥以奔月的故事，許多方士也熱衷於尋求仙藥。其時所謂仙藥，是以靈芝一類的草木藥爲主。

而道教的爐丹，也是求取長生不老常用的方式。據《史記》記載，戰國時代齊威王、宣王、燕昭王都曾遣方士入海，探訪蓬萊島、三神山，尋求不死之藥。此後，方士活躍，長生術及鍊金丹之說盛行。秦始皇及漢武帝也曾遣使入海求仙，卻一無所得。

而《抱朴子》中也強調金丹的妙用，認爲其是至上的長生之方，極言篇說：「不得金丹，但服草木之藥，及修小術者，可以延年遲死耳，不得仙也。」

中國煉丹術的發展在前道教時期已有長遠的歷史，戰國晚期還在尋求海上的不死藥或上泰山封禪，到漢期已逐漸有方士以人工製造黃金的構想，淮南王劉安的方士集團，漢武帝所眷寵的方士均爲煉丹的先驅，而且已漸有煉金的秘籍流傳。

漢代醫書及圖緯都記載著神奇藥物及其效能，〈仙藥篇〉說：

「神農四經曰：上藥令人身安命延，昇爲天神，遨遊上下，使役萬靈，體生毛羽，行廚立至。又曰：五芝及餌，丹砂、玉札，曾青、雄黃、雌黃、雲母、太乙禹餘糧，各可單服之，皆令人飛行長生。又曰：中藥養性，下藥除病，能令毒蟲不加，猛獸不犯，惡氣不行，眾妖併辟。又孝經援神契曰：椒薑禦濕，菖蒲益聰，巨勝延年，威喜辟兵，皆上聖之至言，方術之實錄也。」

古籍也有記載服白玉膏、玉漿成仙等事，反映出古來即流行服食藥方的現象。

除了金丹之外，服玉石也被認爲是長生不老的秘方。服玉之風，源於先秦，周禮已有「王府玉齊則共食玉」之說，《抱朴子》佚文有「崑崙及蓬萊，其上鳥獸飲玉井（泉），皆長生不死」（御覽二十）就是古來的服玉說。葛洪引述玉經之言：「服金者壽如金，服玉者壽如玉」及「服玄眞者，其命不極」——「玄眞」是玉的別名。在〈仙藥篇〉中說：「玉脂生於玉之山，常居懸龜之處，玉膏流出，萬年已上則凝而成脂，亦鮮明如水精，得而末之，以無心草汁和之，須臾成水，服一升得一千歲也。」

除了玉石之外，服芝也是仙藥中的要法。由於芝的形狀、顏色及其中所含的特殊成份，方士、道士早就從實際經驗中有所證驗，因而形成靈芝的形象。靈芝向來具有神秘的色彩，從求芝、採芝、服芝，皆需擇日入山、帶靈符、禮物及配合時日。靈芝在神仙服食傳說中的地位，與道士對於芝的信仰有密切的關係。

在佛經中也有仙藥的記載，如《金剛峰樓閣一切瑜伽瑜祇經》卷二中說，如果以白樹汁作護摩：「能令諸母天，受與妙仙藥，服壽命一劫。」

在《如意寶珠轉輪秘密現身成佛金輪咒王經》卷一中說，金翅鳥及娑伽羅大龍王到天上的龍宮及阿修羅宮取長年仙藥施予行人，服此仙藥者不但可住壽一千歲，而且可以具足神通，一切如意。

經中說：「行者服已住壽一千歲神通如意，能堪修行佛法妙道。」

可見仙藥所具有種種神奇的力量，類型豐富，也是常見神通類型中的一種。

隱形變化的神通

能任意變化身形及隱身自在的神通，是一般人極為好奇的神通變化之一。在道家的神仙變化之術中，有變化形體，或飛禽或走獸，任意隨心。道家的葛洪在《神仙傳列》中敘述這種變化的事跡甚多：

「欒巴者，蜀郡成都人……太守詣巴請屈為功曹，待以師友之禮，巴陵太守曰：聞功曹有道，寧可試，見一奇乎？巴曰唯。即平坐卻入壁中去，冉冉如雲氣之狀，須臾失巴所在，壁外人見化成一虎，人竝驚，虎徑還功曹舍，人往視虎，虎乃巴成也。」（卷五）

蜀郡太守聞欒巴為奇人，有一天，要求欒巴示現奇異神變，欒巴就平坐著，隱入壁中，宛如雲霧，一下子就不見了。牆壁外的人則見到有一隻老虎從牆中跑出來，再回到太守處，好奇者跟著回去，才看到這原來是欒巴所變化。

在《神仙列傳》中，有李仲甫善於隱形術，能隱形變化，欒巴化作老虎、左慈化為羊，都是能立即變化。

而《抱朴子》佚文中，也有兩則左慈一身化爲多人的記載：

「魏武帝以左慈爲妖妄，欲殺之，使軍人收之。慈故欲見而不去，欲拷之，而獄中有七慈，形狀如一，不知何者爲眞。以白武帝，帝使人盡殺之，須臾，六慈盡化爲札，而一慈徑出，走赴羊群。」……魏武收左慈，慈走入市。吏傳言慈一目眇，葛巾單衣。於是一市皆然也。」

記載中左慈以一身分身爲七，被砍殺之後，六者均化爲紙札，其中一人逃走，入市中，後來整個市集的人都變化爲左慈的模樣。一般也稱此爲「分身術」。《高僧傳》神異篇中，佛圖澄、杯度、邵碩、法匱、僧慧、保誌及耆域等高僧，也有分身多人，示現不可思議神力的記載。

中觀祖師龍樹菩薩在尚未修學佛法之前，也曾與朋友共同學習隱身術，由於這一場經驗，讓他貼近死亡，而發心出家修行。

年輕的龍樹，與三個友人，爲了尋求刺激，從術士中取得仙藥，得以隱身，潛入後宮，侵凌宮女。後來許多宮女都莫名奇妙的懷孕了，大王非常不悅，下令查出是何種妖魔作祟。大臣獻計，在地上鋪上細砂，命武士只要看到地上有足跡浮現，立刻以刀砍殺。三個友人立即行跡敗露，而龍樹則機警地躲在大王身側，稟氣凝息，大王頭側七尺是刀所不及之處，在生死交關之際，他了悟欲爲苦本，發心出家，於是心中發願：「如果這次得以逃脫，我當參訪沙門，求出家之法。」從宮中脫逃之後，他便至佛塔，出家受戒，開啓了修學佛法的因緣。

在佛教中，也有以隱身術著稱的本尊。根據《佛說摩利支天菩薩陀羅尼經》所記載，摩利支天有大神通自在之法，常在日天（太陽神）前行走，日天不能看見她，而她能見到日天。由於她能隱形，所以她的形蹤無人能知，無人能捉，無人能害，無人能加以欺誑、束縛。因此，修持摩利支天法的人，也是如此。

依密法所說，修習摩利支天法，如果得到成就，不但能消災除厄，特別是能隱身。依《佛說大摩里支菩薩經》所載，此尊「能令有情在道路中隱身、眾人中隱身。水、火、盜賊一切諸難皆能隱身。」

因此摩利支天被視爲能夠自我隱形而爲眾生除滅障難、施予利益的天神。

以隱身術著稱的摩利支天

器物的神通

除了咒語、符籙、仙藥所形成的神通之外，法器所產生的神通也經常可見。如道教中自古就有以鏡與劍作爲法器的歷史傳統，依據現存考古文物的資料，先秦兩漢古墓以鏡作爲副葬之物，六朝風俗也沿用成習，《資治通鑑》長編記載：「南唐李平嘗語潘佑曰：六朝冢多寶劍、寶鑑，佩之可辟鬼。」此類鏡、劍特別具有辟邪作用，可證明中古世紀以之副葬，乃因其具有神秘的靈力。

相傳劍與鏡有剋治精怪、物魅的變化之威力，明代時，民間有壁懸銅鏡的習俗，明人李時珍在《本草綱目》卷八中分析其道理：「鏡乃金水之精，內明外暗，古鏡如古劍，若有神明，故能辟邪魅忤惡，凡人家宜懸大鏡，可辟邪魅。」而道教法器除妖之說更普遍深入於中國社會，成爲民間的習俗。

六朝有寶鏡的傳說，道教理論整備爲明鏡之道，其一即外照精魅的法術性，其一爲內思守一的心鏡法。

關於鏡子的神奇妙用，在〈登涉篇〉中有一段記載：「

昔張蓋蹹及偶高成二人，並精思於蜀雲臺山中。忽有一人，著黃練、單衣、葛巾，往到其前曰：勞乎道士，乃辛苦幽隱。於是二人顧視鏡中，乃是鹿也。因問之曰：汝是山中老鹿，何敢詐爲人形？言未絕，而來人即成鹿而走去。」

張、偶二人在山中修鍊，遇到一位隱士前來打招呼，兩人對人跡罕至的山中有訪客，心中感到蹊蹺，就偷偷以鏡子照來人，卻發現鏡中爲鹿影，於是斥問來者：「你分明是山中老鹿，爲何化爲人形？」問聲未絕，來人立即化成鹿而遁走。

在佛教的觀點中，鏡子也象徵著重要的意含。經典中常以明鏡表示清淨法身之德，於五智中，相當於大圓鏡智。禪宗亦常以「鏡」或「明鏡」比喻眾生本具之佛性清淨，能照萬物。在密教中，鏡子也做爲灌頂用具之一，阿闍梨對弟子們出示鏡子，以喻諸法實相。而《禪林象器箋》〈器物門〉中也說道場於坐禪處多懸明鏡，以助心行。

千手觀音的四十手中的持物，其中即有一手爲寶鏡手，寶鏡可成就廣大的智慧，經中說：「若爲成就廣大智慧者，當於寶鏡手」。而藏密中的雪山五長壽女中的吉祥長壽自在母、翠顏天母也都以鏡爲持物。翠顏天母位於中央長壽天母的東方，其尊形爲雙手各持著占卜魔鏡，或有說其身藍色，右持寶鏡，此寶鏡具有占卜的魔力。

⊙劍

劍與鏡同爲道教中重要的法器，兩者都具有僻邪降妖之效，《刀劍錄》中記載：「日五威靈光，長二尺許，半身有刃，上刻星辰北斗，天市（疑帝）天魁，二十八宿，服此除百邪，魑魅去，厭即伏用之。」以魁罡威力降服鬼神，即「收鬼摧邪之理」。至於「搗神代形之義」，則爲道教尸解法中的劍解之道，爲神秘的尸解成仙的仙道傳說。

道教神化劍、鏡之後，成爲必備的法器，甚至「凡學道術者，皆須有劍鏡隨身。」而一手持符，一手持劍，也成爲道士熟爲人知的形象。

劍在佛法中，則有更深刻的意含，能破除一切眾生的無明執著，得大智慧。如《白寶口抄》〈勝佛頂〉法中說：「利劍者，是般若無相利劍，能斷一切眾生戲論妄執也。此尊印則大惠刀印是義也。大寂空故名勝佛頂。義釋七云：是大寂之頂，故名爲勝，大空義。大空智義故，此尊以利劍爲三形也。」勝佛頂尊以利劍爲三昧耶本誓之標幟，能斷除一切眾生戲論妄執，爲大空智慧之義。

在佛教中也有許多持劍的本尊，如不動明王的智劍，在《底哩經》卷上說：「（不動明王）右手執劍者，如世間征戰防禦，亦皆執利器然始得勝，菩薩亦然。」又說：「執持利劍能斷壞生死業愛煩惱。」

《白寶口抄》〈不動法〉中說：「劍者，淨菩提心智體也，外能降伏天魔外道等，內殺害一切眾生無明煩惱惑障義也。」

文殊菩薩仗劍騎獅的造像也廣爲人知。在《白寶口抄》〈五字文殊法〉中說：「劍者，智慧義也，有照法界義，法界理智二法也，具威光是智之用也，劍亦有理智之德，劍體理義有斷妄執德。」

與一般的劍相較之下，佛法的劍更多了智慧昇華的內涵，不再只是世間之用。

除了上述的鏡和劍之外，還有許多屬於器物所產生出的神通，例如在大阿修

佛教中持劍的本尊

羅王羅睺羅的城池中，就有一個寶池在星鬘城中，名爲「一切見池」，能預見未來。其池中長寬五百由旬，池水第一清淨，最上美味，無有污泥混濁，也沒有雜垢污染，清澈湛然，即使飲用再多，水量也無有損減。這個一切見池，有奇特的功能，每當阿修羅王要和天鬥戰，出征之前都會莊嚴器仗，圍遶池邊，觀察自身，如同觀視明鏡一般。

如果他在池水中看見自身敗退而走，就知道這次天部必勝，如果在池中，看見自身偃臥，更知道這是敗死之相。

而佛教中常見的摩尼寶珠（梵語 maṇi），更是能隨心化現的寶物。其端嚴殊妙，自然流露出清淨光明，普遍照耀四方，能隨心意，滿足一切所願，所以稱爲如意寶珠。

在《大智度論》卷五十九中說：「有人言：『此寶珠從龍王腦中出，人得此珠，毒不能害人，火不能燒，有如是等功德。』」而《雜寶藏經》卷六中說：「佛言：『此摩竭大魚腦中出，魚身長二十八萬里，此珠曰「金剛堅」也。』」《觀佛三昧經》中則說，金翅鳥肉心爲如意珠。

而摩尼寶珠有什麼神用呢？

《摩訶般若波羅蜜經》卷十描寫此寶珠：以其於闇中能令明，熱時能令涼，寒時能令溫；珠所在之處，其地不寒不熱；若人有熱、風、冷病或癩、瘡、惡腫等，以珠著其身上，病即除癒。又摩尼寶所在之水中，水隨作一色。《大毗婆沙論》卷一〇二更列舉出：光明末尼、清水末尼、方等末尼、無價末尼、如意珠等五種寶珠。

除了世間的意義之外，如意寶珠也象徵一切眾生本具之淨菩提心。《大日經》卷七〈眞言學處品〉中說：「淨菩提心如意寶，滿世出世勝希願。」《大日經疏》卷四中說：「當思惟心蓮華臺中麼字門，一切諸法我不可得故，即是無障礙菩提心也，亦是如意寶珠。」這是以摩尼寶珠來象徵菩提心能隨心所欲成證無上佛法。

能隨心化現的摩尼寶珠

身的神通變化

在神通顯現的型態中，身的變化也是其中常見的一種。如《瑜伽師地論》所說的十八種神變中，就有身上出火、身下出水，眾像入身、隱身顯現出沒且在等神通變化。此外佛、菩薩爲了救度眾生而示現種種身，如現身佛、應化身。或是以神通力示現種種身形，爲眾生說法。

此外，也有所謂的意生身，是指不假父母精血等因緣，只是因心意業力所化生的無實質之身。又作意成身、意成色身。梵名音譯摩奴末耶，又作摩㝹摩、摩㝹。中有之身、劫初之人、色界、無色界及變化之身等都屬於此身。

在大乘中，將界外的變易身稱爲意生身，如《成唯識論》卷八中說：「不思議變易生死，（中略）或名意成身，隨意願成故，如契經說，如取爲緣，有漏業因，續後有者，而生三有。如是，無明習地爲緣，無漏業因，有阿羅漢、獨覺、已得自在菩薩，生三種意成身。」

《楞伽經》卷三中也提到三種意生身：「所謂三昧樂正受意生身、覺法自性性意生身、種類俱生無行作意生身。」其中「三昧樂正受意生身」者，是指三、四、五地菩薩修三昧時，能證眞空寂滅之樂，普入一切佛刹，隨意無礙；「覺法自性性意生身」者，是指八地菩薩覺了一切諸法自性之性，如幻如化，悉無所有，能以無量神力普入一切佛刹，迅速如意，自在無礙；而「種類俱生無行作意生身」，是指第九、十地菩薩，覺知一切法皆是佛法，若得一身，無量身一時普現，宛如鏡中的影像，能隨諸種類而得俱生，雖現眾像，而無作爲。

在《華嚴經》卷六十一中，曾說明佛陀的三昧神變境界：在如此的法會中，菩薩大眾見到了甚深三昧的大神通力，窮盡法界、虛空界、東、西、南、北、四維上下一切大海，依隨眾生的各種心想而安住。從以前開始到現在的一切國土身、一切眾生身、一切虛空道，其中一一毛端數多的地方，都各有微塵數的刹土興起，依次安住，所有道場的菩薩眾會也是如此。看見佛陀的神力，不毀壞過去、現在、未來三世，亦不毀壞世間。在一切眾生心中示現影像，隨順眾生心所喜樂發出美妙的言辭聲音，普遍示現趣入一切眾會中，普遍示現眾生面前。他的色相雖有差別，智慧卻沒有差異。隨順相應的眾生，開示佛法，教化調伏一切眾生，不曾休息。」這是如來以一身普遍入於過去、現在、未來的不可思議神變。

《華嚴經》卷六十一中，記載普賢菩薩讚歎如來不可思議的神變：

爾時，普賢菩薩欲重宣此義，而說頌言：

一一毛孔中，微塵數剎海，悉有如來坐，皆具菩薩眾。
一一毛孔中，無量諸剎海，佛處菩提座，如是遍法界。
一一毛孔中，一切剎塵佛，菩薩眾圍遶，爲說普賢行。
佛坐一國土，充滿十方界；無量菩薩雲，咸來集其所。
億剎微塵數，菩薩功德海，俱從會中起，遍滿十方界。
悉住普賢行，皆遊法界海，普現一切剎，等入諸佛會。
安坐一切剎，聽聞一切法；一一國土中，億劫修諸行。
菩薩所修行，普明法海行，入於大願海，住佛境界地。
了達普賢行，出生諸佛法，具佛功德海，廣現神通事。
身雲等塵數，充遍一切剎，普雨甘露法，令眾住佛道。

這是普賢菩薩承佛神力，觀察如來，觀察眾會，觀察諸佛難思境界，觀察諸佛無邊三昧，觀察不可思議諸世界海，觀察不可思議如幻法智，觀察不可思議三世諸佛悉皆平等，觀察一切無量無邊諸言辭法之後，對如來的贊歎，偈頌中說明如來一一毛孔中都有無量世界，其中又有如來坐於菩提座。如來坐於一國土，卻能充滿十方世界，廣大示現神通變化之事，使一切眾生住於佛道。

除了一般隱形、示現自在，變大變小的身形變化之外，最不可思議的是如來法身的神變。在《入大乘論》卷二中，引《入一切世界大莊嚴三昧經》中所說：「告善男子，汝見如來法身不？」白言：「世尊！唯然已見。於一毛孔見億百那由他諸佛世界，身、口、業等遍滿一切諸佛世界。」

在《如來密藏經》中即引：目連試探如來說法音聲之事，而《首楞嚴經》中也說：「如來處於宮中，而現無量世界初生轉法輪入涅槃。」

如《密藏經》中說：「如來法身住於一切眾生身中，光影外現，猶如淨綵裏摩尼珠。無所障蔽亦復如是。」而說明如來法身遍在一切諸眾生中。

以上是諸佛菩薩不可思議的身之神通變化。

光明的神變

在各種神通變化中，身能放出大光明也是常見的神通顯現方式。

光明可以破除黑暗、彰顯眞理，因此此由佛菩薩身上所發出之光，又稱色光、身光、外光；相對於此光明，智慧具有照見事物眞相之作用，故稱爲心光、智光、智慧光或內光。佛陀的光明可分爲常光（圓光）與現起光（神通光、放光）二種，前者指恆常發自佛身，永不磨滅之光；後者指應機教化而發之光。常光一般爲一尋或一丈之圓光。

除了以上的區分外，依發光處的不同，又可分爲二種。一種爲發自全身的「舉身光」；另一種則是發自某一處的「隨一相光」，例如由白毫相（眉間）發出之光，稱「白毫光」、「毫光」、「眉間光」，由毛孔發出之光，則稱爲「毛孔光」等。《瑜伽師地論》卷十一中將外光明（日月等之光）、法光明、智慧光等）、身光明，合稱三種光明。

如來的光明能遍照一切處而無所障礙，所以也稱無礙光明。如《無量壽經》

卷上，以無量光等十二種光，形容阿彌陀佛之光。這十二種光明分別為：

1.無量光：指佛光不可算數。2.無邊光：對一切眾生有緣無緣無所不照。3.無礙光：指佛光一切法皆不能障礙。4.無對光：佛光是諸菩薩所不能及。5.燄王光：指佛陀光明自在無可及者。6.清淨光：佛光是從佛無貪之善根所現，能去除眾生貪濁之心。7.歡喜光：佛身光明是從佛無瞋之善根所生，能除眾生之瞋恚心。8.智慧光：佛陀光明是從佛無癡之善根心生起，能去除眾生無明之心。9.不斷光：佛陀的光明恆照不絕。10.難思光：指佛光是聲聞、緣覺諸二乘聖者所不能測度。11.無稱光：指聲聞菩薩等對佛身光明難以稱揚道盡。12.超日月光：佛光日夜恆照，超越日月之光。若有眾生遇此等光，則身意柔軟，歡喜踊躍，而生善心。若在三塗勤苦之處，見此光明，皆得休息，無復苦惱，壽終之後皆蒙解脫。

《大寶積經》卷三十則記載釋迦牟尼佛有決定光明等四十一種光明。

從佛光的作用而言，佛的光明具有不可思議作用，所以稱為「神光」；佛光富於恩惠，故稱「慈光」；同時佛光代表智慧之相貌，故稱「光明智相」。此外，從佛之光明而受到利益者，稱「光益」；由光明而帶來之祥瑞，稱「光瑞」；光明能普遍照耀全世界，廣大如海，所以稱「光明廣海」。

除了佛菩薩、聖者的光明之外，魔王也有光明，但是二者有何不同呢？魔光與佛光之分別，乃在於魔光導致人心浮動、恍惚，而佛光令人心寂靜、清淨，此二種光有時也合稱二種光明。

在佛陀所具有的三十二相之中，有一相好就是身具常光。就是恆常圍繞佛菩薩身邊，晝夜恆照之光明。又稱圓光、丈光、常光一丈、常光一尋。《大毘婆沙論》卷一七七說：「面各一尋，周帀佛身，晝夜常照之光明，稱為常光。」如來的身光是否只有一丈呢？《大智度論》卷八中記載：「佛唯現一丈之光明，乃因五濁惡世中薄福鈍根者，眼微不堪見，若利根福厚者，如來則為之常現無量之光明。」而無量光明的阿彌陀佛則是由於其因位的願行，所以常光遍照十方世界。如果能見佛之常光必得阿耨多羅三藐三菩提。

除了常光之外，還有所謂的「神通光」，是指佛為化度眾生應其因緣所現起之光明，常光與神通光不同，神通光是臨時發起之光明，如釋迦牟尼佛欲說《法華經》時，所放之光照東方一萬八千之土，這就是神通光。《大法炬陀羅尼經》

卷四說常光與放光的不同，於平時唯有常光，若有因緣始放異光。因爲如果佛常放殊異之光，由於這種光明太熾盛了，世間就沒有日月星辰、晝夜時節、晦朔弦望，乃至春夏秋冬之別。

在菩薩的百八三昧中，就有所謂的「放光三昧」，這是指菩薩入於火遍處定，得神通力，自在放出種種色光，照諸三昧，悉皆明了，稱爲「放光三昧」。《大智度論》卷四十七中說：「放光三昧者，常修火一切入故，生神通力，隨意放種種色光，隨眾生所樂，若熱若冷，若不熱不冷。照諸三昧者，光明有二種，一者色光，二者智慧光，住是三昧中，照諸三昧，無有邪見、無明等。」得證放光三昧者，可以出生神通力，自在放出眾生所愛樂的光明，以此光去照一切三昧則無有邪見、無明。

在《華嚴經》卷七十四中記載，佛摩耶夫人懷胎，入藍毗尼園時，曾經示現十種光明的瑞相，使一切眾生得法明。這十種光明是：「一切華藏光、寶香藏光、寶蓮華開演出眞實妙音聲光、十方菩薩初發心光、一切菩薩得入諸地現神變光、一切菩薩修波羅蜜圓滿智光、一切菩薩大願智光、一切菩薩教化眾生方便智光、一切菩薩證於法界眞實智光、一切菩薩得佛自在受生出家成正覺光。」這十種光明，普照無量諸眾生心。

此外，摩耶夫人在無憂樹下，菩薩將要誕生之時，夫人的身上一切毛孔都放出廣大光明，普照三千大世界，無所障礙，世間其餘一切光明悉皆不現，除滅一切眾生煩惱及惡道痛苦。是這菩薩將要誕生時的第一種神變。

佛陀所發出的神光，除了常見的從口中放出光明之外，也有從身體其他部位放光。如《華嚴經》卷二十三中記載佛陀從兩膝輪放出光明之事：「爾時，世尊從兩膝輪，放百千億那由他光明，普照十方盡法界、虛空界、一切世界。彼諸菩薩，皆見於此佛神變相；此諸菩薩，亦見於彼一切如來神變之相。」

也有從眉間白毫放出神光者，如同經卷六十一中記載：「爾時，世尊欲令諸菩薩安住如來師子頻申廣大三昧故，從眉間白毫相放大光明，其光名：普照三世法界門，以不可說佛剎微塵數光明而爲眷屬，普照十方一切世界海諸佛國土。」

這種不可思議的光明有不可說佛剎微塵數的光明作爲眷屬伴隨而來，普照十方一切世界海的諸佛國土。

大地震動的神變

大地震動也是常見的神通變化境界，在《般泥洹經》舉出地動的三種因緣：

1.大風起時，水擾地動。這是地依水，水依風，風依空的緣故。

2.得道的沙門及神妙的諸天示現感應時，地則大動。

3.佛陀成道時，地也大動。例如在《佛說彌勒下生經》卷一中記載彌勒菩薩成佛時，三千大千世界產生六返震動：「當其夜半彌勒出家。即於其夜成無上道。時三千大千剎土六返震動。地神各各相告曰：今時彌勒已成佛。」

《華嚴經疏》卷六記載，佛陀將說法時，也會示現的地動有七種因緣，稱為「地動七因」。即：1.為使諸魔怖畏。2.為使眾生心不散亂。3.為使放逸者生覺知。4.為使眾生警悟，覺了微妙法相。5.為使眾生觀佛之說法遍於一切智。6.為使根熟之眾生得解脫。7.為使眾生隨順而問正義。

《增一阿含經》卷三十七記載，大地震動之因緣有八種：一是自然界的變化，二是菩薩處母胎時，即菩薩從兜率天降神處母胎時，地也大動。如《根本說一切有部毗奈耶出家事》卷一中，記載菩薩從兜率天降神至佛母摩耶夫人胎中時，也產生了大地震動：「爾時菩薩在睹史天宮，觀察世界，有五事具處，將欲下生。時六欲諸天，辦所應辦，於迦維羅衛國，閱頭檀家，三淨摩耶夫人胎中，乃令獲大吉夢，見菩薩作白象形，降神母胎。當此之時，大地震動，光明晃耀。映奪金色，周遍世界，過日月輪。」

3.菩薩出母胎時，指菩薩出母胎時，地也大動。

4.菩薩成道時，謂菩薩出家學道，成無上正覺時，地亦大動。

5.佛入涅槃時，謂佛陀入滅時地亦大動。

6.比丘現神通時，謂大神通比丘示現多種變化，或分一身爲千百身，或還復爲一，或飛行於虛空中，出沒於山石裏，自由而無礙，此時地亦大動。

7.諸天來佛所現梵王或帝釋形時，謂諸天有大神通，神德無量，能由佛德力，捨棄原本之天形，而得作帝釋或梵王，此時地亦大動。

此外，《長阿含經》卷二所舉的地動因緣中，得道比丘現神通時、菩薩降神處母胎時、菩薩出母胎時、菩薩初成無上正覺時、佛初成道降魔時、佛教化將畢，專念不亂，欲捨性命時，如來入無餘涅槃時。

此外，阿難尊者在悟道時，也曾感得大地震動的因緣。佛陀入滅之後，許多佛子也跟著入滅，大迦葉尊者於是召集聖弟子，應當住世結集法藏，使正法住世，以報佛恩。

然而當時被大家視為當然人選的阿難尊者，卻被排除在外，原因是他尚未開悟，所以即使身為如來的侍者，聽聞佛陀說法無數，卻未在結集聖者之列。

阿難尊者受到這種刺激，憤發精進，當夜即成無漏阿羅漢，六通具足，此時聖眾諸天讚歎歌唱，歡喜道：如來色身滅度，法身出世。」大地同時產生六種震動。這是因為如來雖然色身入滅，但是由於法的結集，使得佛之法身出世，常象住世，而使大地震動。

經中描寫當時阿難尊者：「即思惟四意止、四意斷、四神足、五根、五力、七覺、八道，分別苦本、集、滅、道果，即於眾前成阿羅漢，諸塵垢滅朗然大悟，聖眾稱善諸天歌歎。當於爾時，地六反震動。諸天散花作倡伎樂，色身滅度法身出世，利益眾生多所潤及。」

此外，佛菩薩入於三昧境界時，往往會有大地震動的神變。如《菩薩從兜率天降神母胎說廣普經》卷四中記載菩薩入於師子奮迅三昧使地動的因緣：「復次菩薩摩訶薩入不動師子奮迅三昧，能令三千大千剎土六反震動。」同經卷一中也記載佛陀捨身入滅時，十方世界皆六返震動：「爾時世尊欲入金剛三昧，碎身舍利，善哉不思議法，於娑婆世界轉此眞實法。爾時世尊作是念已，十方世界皆六返震動。」

菩薩成道時，也有產生大地震動的瑞象，如《菩薩從兜術天降神母胎說廣普經》中說：釋迦牟尼即將成佛時，在菩提樹下端坐思惟，發起大誓願，如果不成正等正覺，誓不起於坐，發起此誓時，感得天地六返震動。

經中說：「或有善男子善女人，臨當成佛，以智慧力除眾生垢，坐樹王下端坐思惟，自發誓願：吾不成佛不起於坐，如我曩昔坐閻浮樹下，三十八日觀樹思惟，發此誓時，感動天地六返震動。」

以上是大地震動神變的因緣。

時空、物質的神變

在各種神通變化中，時間、空間及物質的神通變化也是經常可見的形式。時間的神通變化，如，六通中的「宿命通」及「天眼通」，宿命通可以看見過去的因緣，天眼通則能觀察未來的緣起，都和時間有關。

而神足通的如意變化，能使小空間變大；大空間變小，隨意自在，則屬於空間的神變。物質神通則是能自在轉換物質的特性，例如：將地變爲水，水變爲地，或從水中長出蓮花等，都是屬於物質的神變。

在《法華經》卷四〈見寶塔品〉中記載，多寶如來在過去、現在、未來時空中旅行的神通。

經中記載：在釋迦牟尼佛宣說妙法時，在佛前現起七寶寶塔，高五百由旬，縱寬二百五十由旬，從地踊出，安住在虛空中，以種種寶物莊嚴，四面更流出摩羅跋栴檀之香，充滿世界。

當法會大眾驚歎不已時，寶塔中發出大音聲，讚歎釋迦牟尼佛說此妙法。

大眾看見如此巨大的寶塔，安住在空中，又聽到寶塔中發出贊歎之聲，都奇怪著這未曾有的現象。

原來這個寶塔中有多寶如來的色身，是過去東方無量千萬億阿僧祇世界寶淨國土的如來，在其行菩薩道時，曾發願在其成佛滅度之後，在十方國土如果有宣說《法華經》之處，其塔廟為聽聞此經的緣故，皆會踴現其前為其做證明。

經中並說：「彼佛成道已臨滅度時，於天人大眾中告諸比丘：『我滅度後供養我全身者，應起一大塔。』其佛以神通願力，十方世界在在處處，若有說法華經者，彼之寶塔皆踊出其前，全身在於塔中，讚言：『善哉！善哉！』」

這是多寶如來在過去、現在、未來時劫中所示現的時間神變。

對空間的變化，自在無礙，也是神變常見的類型。在《法華經》〈妙莊嚴王本事品〉所說的十八種神變中，就有「從空中沒而復現地」、「地沒而現空中」、「或現大身滿虛空中」、「現大復小」等空間的神變。

關於空間的神變，《維摩經》中「維摩丈室」則是著名的例子。

當時以文殊菩薩為首，帶領大眾前去探視維摩詰菩薩。當大家到達維摩詰菩薩的丈室中時，卻沒有半張椅子可坐。於是維摩詰居士就以神通力，使東方的須彌相世界送來三萬二千師子座，入於維摩丈室。經中描寫道：

「於是長者維摩詰現神通力，即時彼佛遣三萬二千師子座，高廣嚴淨，來入維摩詰室，諸菩薩大弟子、釋梵四天王等，昔所未見。其室廣博，悉皆包容三萬二千師子座，無所妨礙，於毗耶離城及閻浮提四天下，亦不迫迮，悉見如故。」

這三萬二千獅子座，即使運來放在地球上，可能也塞得滿滿的，但是現在放在維摩丈室，卻一點也沒有侷促之感，眞是不可思議。這就是華嚴大小互容的境界。

經中又說：「又舍利弗，住不可思議解脫菩薩，斷取三千大千世界，如陶家輪著右掌中，擲過恒河沙世界之外，其中眾生不覺不知己之所住。又復還置本處，都不使人有往來想，而此世界本相如故。」

以上這段描寫看起來很不可思議，如果我們居住的地球，每天被像棒球一樣打來打去，我們怎麼可能沒感覺呢？其實，這是很有可能的。我們想想：地球是不是有自轉？太陽在動，整個銀河系在動，星雲在動，如果有一天兩顆星球撞在一起，地球上的我們未必知道。現在整個宇宙不都是在大動、大擴張，但大多數人卻感覺不到。

如果了解了這個道理，那麼上面這段經文所描寫的就一點也不誇張了。也許地球現在正像「宇宙大棒球」一樣被打來打去，我們都不知不覺呢！

除了維摩詰丈室不可思議的空間神變之外，《法華經》〈從地踴出品〉中，也有菩薩從地心踴出的神變。

當釋迦牟尼佛宣說法華經之後，他方國土的菩薩發願要來護持本經：

「世尊！若聽我等於佛滅後，在此娑婆世界，勤加精進，護持讀誦、書寫供養是經典者，當於此土而廣說之。」

但是佛陀卻說：「止！善男子，不須汝等護持此經，所以者何？我娑婆世界，自有六萬恒河沙等菩薩摩訶薩，一一菩薩各有六萬恒河沙眷屬，是諸人等，能於我滅後，護持、讀誦，廣說此經。」

佛陀告訴他方世界的菩薩們，不須他們來護原此經，在這個娑婆世界，就有六萬恆河那麼多的菩薩，一一菩薩又有六萬恆河沙眷屬，發願在佛陀滅度後，要護持《法華經》。

經中又說：正在此時，「娑婆世界，三千大千國土，地皆震裂，而於其中，有無量千萬億菩薩摩訶薩同時湧出。」

有無量千萬億菩薩從娑婆世界的地下，集體湧現出來，他們都是宿世以來受釋迦牟尼佛化的菩薩，發願要護持《法華經》。

在《密勒日巴大師全集》中，有一篇關於大師在牛角中的空間示現神變的故事。

密勒日巴的大弟子惹瓊巴，前往印度求法，回到西藏之後，卻生起了高傲驕慢之心，也對自己的上師生起了邪見。

密勒日巴大師爲了要幫助他，而示現奇妙的神通境界。有一天，師徒二人在旅途中，路上看見一個廢棄的牛角，尊者就把它拾起來戴在身邊。二人走到一個大平原中央時，天上忽然烏雲密佈，降下極大的冰雹，惹瓊巴連看一眼尊者的時間都來不及，只能用兩手蒙著頭躲避冰雹，過了一會兒，冰雹狂降之勢稍緩，惹瓊巴四下尋找，卻不見尊者的蹤影，他就坐在地上略事休息。忽然看見附近一處高地上有一個牛角，牛角的裏面好像有尊者說話的聲音。

惹瓊巴就走向牛角的前面，心中想道：「這像是剛才尊者拾起的那個牛角呀！」於是就彎身下去準備將牛角撿起，可是無論用多大的勁也拿它不動。惹瓊巴就俯身以面肥著地，用眼向牛角的內部看去，只見牛角並未較前長大，尊者的身體亦未縮小；就如一面鏡子中能看見廣大的山河一樣。尊者安坐在牛角的狹窄處，寬大舒適，一點也不狹迫。尊者生起如是的神通之後，惹瓊巴才降伏驕慢的心意，祈求尊者出來平息冰雹。

在神通的變化中，物質的自在轉換也是常見的類型。

在《大方廣佛華嚴經》卷四十六中，記載善住比丘的神通：「我得此神通力故，於虛空中行、住、坐、臥，遊騰十方，於一念中，遍至東方一佛世界、百佛世界、千佛、百千佛無量佛世界，乃至不可說不可說諸佛世界。」

在《法華經》〈妙莊嚴本事品〉所說的十八種神變中，就有履水如地、履地如水、空中行、空中住、空中臥。這是將地、水、虛空等物質特性，自在轉換的神通能力。

第三章 神通的運用與限制

就佛法的觀點而言，由於神通是因緣條件所構成的，因此神通的力量有其限制的。雖然神通力量看起來似乎十分強大，但還是受到因緣條件限制，無法改變業力。所以，如果我們想用神通來改變過去所造的惡業，改變成熟的果報，或憑空得到福報，這是不可能的。甚至形成短暫的干擾，後續的情況，絕不會變好。

而神通的力量大小，會依不同的修行、不同的因緣條件而有差異，甚至神通者在不同的情境、因緣，其神通力量也不可能不同。由此，我們可以了解神通力量是因緣下所產生的技術，不是絕對性的力量。

雖然神通是不究竟的，並不能依此而解脫，但由於一般人對神通的好奇與嚮往，神通卻成爲一種度化眾生的方便，能使其降伏慢心，再漸次薰聞佛法，因此，在佛經中也經常可以見到運用神通的記載，以下我們就來探討神通運用的實例及神通的限制。

神通運用的實例

⊙以神通降伏傲慢的衆生

在《根本說一切有部苾芻尼毘奈耶》卷十五中，就記載鄔婆離比丘以神通使勝光王生起信心的故事。

印度的夏天非常炎熱，勝鬘夫人與勝光王在高樓上乘涼，遠遠望去，正好看見一群比丘來河邊取水，順便洗浴。由於這群比丘都很年輕，一邊洗浴，一邊戲水，在河中或沈或浮，往來兩岸，或是在水上打水鼓，嬉鬧遊玩，好不快樂。

勝光王看了，就笑著對勝鬘夫人說：「你看看，這就是你所尊重的福田！」

勝鬘夫人回答：「大王！大王自己已經年邁，心念尚且無法止息，而這些少年正值青春，能夠修持梵行，大王不稱奇，這些少年比丘在水中嬉戲，爲何苛求他們呢？」

在河中的十七位比丘稱爲「十七群比丘」，其中有一位最年長的鄔婆離比丘，已經斷諸煩惱，得證阿羅漢果，並未同他們一同遊戲。這時，鄔婆離有他心通，知道勝光王心中所想，就對其餘十六個比丘說：「大家把衣服穿好，拿起水瓶，我們回去了。」

於是鄔婆離就以神通力，和這群比丘同昇虛空中，從勝光王的高樓上飛行而過。

勝鬘夫人看到水中的倒影，就對勝光王說：「大王！你可觀此勝妙福田騰空飛去。」

勝光王看了，雖然感到不可思議，但仍問道：「那有證阿羅漢果者仍在水中嬉戲的呢？」勝鬘夫人回答他：「心如電光，須臾改易，以其堅定猶如金剛，剎那間能破無明惑，大王不應奇怪。」

由於這個因緣，使勝光王皈依佛法。佛陀聽聞此事之後，呵責洗浴時嬉戲的少年比丘，而制定洗浴時不可於水中嬉戲的律儀。

又有一次，在佛弟子中，有一位鄔陀夷比丘，是離欲的阿羅漢，有一天，他以天眼觀察何人根緣成熟，合應得度？他觀察到有五百個婆羅門青年的根機即將成熟。

次日清晨，鄔陀夷尊者就到那些少年聚集的園林中。

這個陌生人的來到，引起五百位婆羅門的討論。

「這個比丘原來是何種姓而出家呢？」

其中有認識鄔陀夷的，就說：「他原來是婆羅門的種姓，而後出家。」

於是他們就嘲弄的對鄔陀夷說：「仁者，你原來是大臣之子，族姓高貴，怎麼捨棄原來的家世，投入此雜類卑下人中，乞食無簡別，坐也無次第，而說是出家？」

尊者回答：「世間的婆羅門有虛名卻無實義，我所投者，是無上大師及一切聖眾，能除罪惡，是眞婆羅門。」

這些少年聽了之後，拍手大笑，好像他說的是多麼荒謬可笑之事。

這時尊者以神通力，使這些少年頭上的花纓都變成蔥蒜鬘帶，又把他們的餅食都變成牛皮，名種菜餚都成牛肉，把牛奶及飲料都變成酒，這些都是婆羅門禁食的不淨之物。

而尊者則於自己鉢中變現種種清淨飯食，並對他們說：「你們觀察我鉢中物及我的身形，和汝等相較之下，誰是清淨無簡別？」

這些少年聽了之後，相互說道：「這一定是此尊者以神通力，把我們的花纓及飲食變成雜惡不堪食用。現在也沒什麼好辦法，應當向尊者禮敬懺悔。」

於是他們禮敬尊者雙足，懺悔道：「聖者，我等愚痴，肉眼無識，自恃己族姓高貴而出鄙惡之言，唯願聖者慈悲接受我懺悔。」接著他們異口同聲說了如下的偈頌：「

皮肉血液，大小便利，
苦樂的根本並無不同，
都同樣是污垢穢惡之身，
如何有四種種姓之別？
如果身遠離諸惡，
口亦無所犯，心極清淨者，
如此名為眞婆羅門。

以勝妙法莊嚴，善調修持梵行，

能除眾多罪惡，是眞婆羅門。」

鄔陀夷聽了他們的偈頌後，知道其善根成熟，於是爲其說法，五百少年即時於座上斷除煩惱，見於眞諦，此時其身與食物都恢復清淨如舊，並從鄔陀夷尊者受三皈五戒。以上是鄔陀夷尊者以神通降伏慢心眾生的故事。

⊙佛陀以神通方便教化弟子

在神通的運用上，佛陀對弟子的教化也是經常可見。在《佛教的神通》裏，我們曾介紹佛陀和目犍連以天眼通進行遠距教學，在《雜阿含經》卷十八中，也有另一則實例。

當時，佛陀安住王舍城迦蘭陀竹園。而尊者大目犍連則在王舍城耆闍崛山中修持。

有一天，尊者大目犍連告訴諸位比丘：「那時，世尊安住在王舍城，我住在耆闍崛山中。我獨自處於一處安靜的地方，心中思惟：『要如何才是名爲聖住的境界呢?」又想到:『如果有比丘不憶念一切相，證得無相心正受的禪境，以自身作證具足安住，則名爲聖住。』因此我心中想著:『我應當在這聖住的境界上，不憶念一切相，證得無相心正受的禪境，而以身作證具足安住及多次住，多次安住之後，取相的心生起了。』當時，世尊了知我的心念，如大力士屈伸手臂，那麼短的瞬間，以神通力，從竹園精舍沒，於耆闍崛山中，出現於我的面前，告訴我:『目犍連!你當安住於聖住，莫生放逸。』

我聽聞世尊教授之後，即離一切相，無相心正受。身作證具足安住三次，世尊也三次前來教我:『你應當住於聖住，莫生放逸。』我聽聞教誨後，遠離一切相，證得無相心正受的禪境，以身作證具足安住。」

以上是佛陀以神足通，從王舍城竹林精舍隱沒，到耆闍崛山出現爲目犍目宣說妙法的記載。

又有一次，佛陀在巡視寺中僧房及附近竹園時，看見許多房中的敷坐坐具都隨意放置在露天之處，可能是坐禪之後未收拾，就出去托鉢了。

這時，天上烏雲密佈，看來有一場大雷雨將至。佛陀心想:「這些坐具都是善信的婆羅門居士等，自己縮衣節食，而佈施僧眾，爲求勝福，而比丘、比丘尼受用時，不知節制，不知善守護，隨處棄置。現在風雨要來了，被雨一淋，這些坐具就會損壞髒污了。」

於是佛陀就以神通力屏除風雨，密佈的烏雲低垂不散，等待世尊將這些棄置在野外的臥具及坐具收拾好。

佛陀將這些器具安置室中之後，穿好雨衣將去沐浴，方才攝住神通，於是剎那雷霆大作，白晝昏暗，雨水像瀑洪一般傾瀉而下。

佛陀出去洗足之後，回房中默然而坐，等待比丘們乞食回來。

比丘們回來之後，世尊一如往前和其歡言問訊，並慰問他們乞食是否飽滿？諸位大德回答：皆爲飽滿，並以食物進奉世尊。吃飽之後，大眾默安住坐禪，一直到日晡時，才出定如平常一般坐著。

待大家坐好之後，佛陀就對大眾說：「之前你們出去乞食，巡視僧眾房舍，發現有許多臥褥、坐具放在露天處。當時即將下雨，我以神力使其收攝，才沒有讓這些物品被損壞。」

佛陀又接著說：「這是許多施主刻苦自身，施僧求福，你們如果不能如法受用，只是在浪費信眾的佈施。」

於是世尊又說了如下的偈頌：

「對於他人信施之物，應節制其量而受用，

如此自身得安穩，也能令他福業增長。」

在南傳巴利聖典的《長老偈．長老尼偈》中，也記載著佛陀以神通力教化弟子的故事。

在《長老偈．長老尼偈》第一三九至一四四首伽陀的作者凱瑪，本來是摩揭陀國的一位公主，因爲其容貌美麗，被頻毗薩羅王選爲王后。但由於她執著於自己的美貌，傲慢而不悟佛法。有一天，當國王帶她前去竹林精舍拜見佛陀時，佛陀化現一位天仙般的美女，爲佛執扇。凱瑪一見大吃一驚，她沒想到世間還會有如此美妙絕倫的女子；在女子面前，凱瑪覺得自己黯然失色。

這時，佛陀以神通力，這美女在剎那之間由青年而變成中年，由中年而變爲老年；鬆齒脫落，皺紋生起；手中的團扇也無力舉持，搖搖晃晃癱倒在地上。凱瑪見此情景，大驚失色，而了悟人生無常的道理。佛陀即時向她說法，凱瑪即成羅漢，而從佛出家。

這是世尊在生活中以神通爲方便教化弟子的實例。

⊙以神通來防護自身

佛陀住世的時候，當時的修行環境經常有許多危險存在，比丘、比丘尼們安止在遠離聚落的森林裏，一方面除了要防止野獸的攻擊之外，還有盜賊及歹徒的侵擾。而在佛法堅持非暴力的教義下，神通就成了一種極佳的防身之道。

以美貌著稱的蓮花色比丘尼，就是一個典型的例子。

在《彌沙塞部和醯五分律》卷四中曾記載，有一次蓮華色比丘尼乞食完畢，回到安止的安陀園自己的住處，當時有一個仰慕她美貌的婆羅門，悄悄的跟蹤她，並偷偷躲在她的床下。

那天晚上比丘尼眾竟夜說法，蓮花色比丘尼回房之後，疲憊得一上床就熟睡了。這時，躲在床下的婆羅門就爬到床上，對蓮花色作不淨行。蓮花色一醒覺，立刻踴升空中，而婆羅門也因玷污聖者的極重罪業，入於地獄。

蓮花色比丘尼於是從空中飛行到如來處，以頭面禮佛足，將方才發生之事稟告佛陀。

佛陀很清楚得道的聖者對欲望的快樂是不受、不著的，但是爲了讓未悟道者了知，佛陀就問她：「當事情發生時，你覺得如何呢？」

「弟子感到如燒鐵煉身，一點也不受欲樂。」

由於蓮花色比丘尼並感受欲樂，所以佛陀就說：「如此無罪。」蓮花色比丘尼並未違犯戒律。如此也將僧團中可能引起的議論，消彌於無形。

這種危險並非只是單一事件，曾經有一群盜賊商議著：「哪裏有美女，又有上好的物品可供搶奪？」他們想到安陀園只有尼眾居住，於是就打算偷擊安陀園。幸好盜賊的首領信樂佛法，先遣人向比丘尼通風報信，叫她們先去避一避，比丘尼們才逃過一劫。

一個炎熱的午後，比丘尼中智慧第一的差摩比丘尼和神通第一的蓮花色比丘尼，到河邊洗浴，想不到被一群凶徒發現了，登時起了歹念，偷走她們放在岸上的衣服，意圖不軌。兩位比丘尼悲憫其愚痴，就以神通力將兩眼取下放在掌中，鮮血淋漓，好不嚇人，歹徒們看到這個情景，臉色發白，原來的邪念全沒了，只能兩眼直楞楞的看著比丘尼。

「你們所愛我的，不是就這面容嗎？現在這個樣子，你們還喜歡嗎？」接著，兩位比丘尼又以神通變化，將內臟、腸胃、手腳像被卸開的屍塊一樣，散落滿地。

「這樣你們喜歡嗎？」

歹徒們早已嚇得撲通跪在地上，同時也體悟世間無常，健康美色的身體不可恃，最後還是化成白骨血肉不淨。於是他們將衣物還給比丘尼，稽首悔過，並受五戒，在比丘尼的帶領下，到佛陀面前皈依。

除了女性修行者容易遇到危險之外，男性修行者也會遇到類似的狀況。

聖者阿尼盧陀是得道的阿羅漢，他在人間遊化，隨緣度化眾生。有一天，他到達一個陌生的聚落，天色晚了，他想找一個人家投宿一晚，附近的童子告訴他，附近有一戶人家，名爲「禿子母」，一定會讓他投宿。

阿尼盧陀尊者來到禿子母家，只有女主人和其子二人，答應讓他借宿一晚。沒想到女主人心生邪念，於夜半時來到尊者房間，欲行不淨。尊者發現之後，以神通力昇至虛空，女主人方知他是悟道的聖者，心中生希有想，邪心頓息，求哀懺悔。

經過這次遭遇，阿尼盧至尊者發現到在俗人屋舍中借宿的過患，因而以此事稟白佛陀。佛陀除了讚歎阿尼盧陀的戒行之外，更制定戒律，男眾與女眾不得同室而宿。而阿尼盧至尊者的神通，除了使其免於被侵犯之外，也使對方不致造下惡業。

從這個的例子，我們可以看到，神通除了用來教化眾生之外，也可做爲防身之道。

⊙以神通降伏毒龍、夜叉、惡鬼等

在經典中，經常可看見佛陀或弟子以神通降伏毒龍或夜叉等鬼王的記載。

位於雪山附近的罽賓國，有一年遭受到前所未有的災難——有一位名叫阿羅婆樓的龍王，在國中的禾稻即將成熟結穗時，就開始降下大洪雨，使禾稻都淹沒而死，流入海中。

這時聖者末闡提比丘等五人知道這個消息，就從以神通力飛騰虛空，來到雪山邊阿羅婆樓龍王的寶池，在水上行住坐臥，龍王的眷屬趕緊進去通報，王聞即大瞋忿，看見五位比丘，更加生氣，在虛空中示現種種神力，作暴風疾雨，雷電霹靂，山巖崩裂，樹木摧折，如同虛空崩裂，要使末闡提等恐怖，王又集合一切龍童子，身出毒煙，生起猛烈的火焰，雨下大礫石。

然而末闡提比丘們卻一點也不恐怖，龍王更加生氣，破口大罵，令兵眾前去抓持打殺，卻無法動末闡提等一毛。

龍王使盡一切神通，身心疲倦，只好忿恨不平的停住。

當時末闡提比丘了知龍王的心，就以甘露法味來教化龍王，使其心中歡喜，受三皈依，不再危害人民，並發願於眾生生慈悲心，令得安樂，於是龍王作廣大供養，並取自己的七寶床供養給末闡提，恭請末闡提坐於床上，龍王侍立在一旁爲其搧風。

罽賓國的人民在節慶時，會前往供奉龍王的祠去會見龍王，當他們看到龍王侍立在末闡提比丘身邊，都相互說道：「這位比丘的神力勝於龍王！」於是都爭相禮敬末闡提比丘，於是尊者就為其說《譬喻經》，之後有八萬眾生即得道果，千人出家。

這是記載於《善見律毘婆沙》卷二，末闡提比丘以神通力降伏惡龍的故事。

而須迦那鬱多羅比丘，從印度前往金地國弘法時，也曾以神通力降伏夜叉。

金地國的王宮，瀰漫著驚恐悲傷的氣氛。因為有從海中來的夜叉尼，每每在王宮夫人有生兒時，就奪取而食之。

今日，王夫人又生了一個兒子，恰巧須迦那鬱多羅從印度來到金地國弘揚佛法。王夫人看到陌生人，生起大恐怖，以為他必定是夜叉的同伴，要來奪取王子，於是準備種種武器來防衛。

尊者看了很驚訝，一問之下才知道夜叉食人的事，就對王宮的人說：「我們不是夜叉的同伴，而是沙門，行持斷殺生法，護持十種善法，勇猛精進。」

當時夜叉尼聞王宮生兒，相與圍遶，從海中出現，要來劫持王子。王宮的眷屬聽了大為驚怖，請求尊者守護。

於是須那迦就以神通力，化作夜叉大眾，數量比夜叉尼多兩倍，而將其團團圍住。夜叉尼看見這些變化的夜叉，非常害怕，頭也不敢回的逃走了，化夜叉眾一路追逐，更使其嚇得魂飛魄散，不敢再回來。

於是，大德須那迦就誦咒為金地防護國土，使夜叉不得而入。又為金地國的人民說《梵網經》，時有六萬人得道果，又有受三皈五戒者，佛法於舍地廣大流通。從此以後，王宮如果生兒子，都取名為須鬱多羅。這是《善見律比婆沙》卷二中記載，須那迦以神通降伏夜叉的故事。

神通的限制與退失因緣

神通的現象千變萬化，許多人迷惑於神通的現象，而誤以爲神通是無所不能的。

其實神通是因緣條件所構成的，所以神通的力量是有限度的。儘管神通的力量看起來似乎十分強大，但還是受到因緣條件的限制，無法改變業力。因此才有「神通敵不過業力」的說法。

所以，如果妄想用神通來避免過去所造的惡業惡果現前，或憑空得到福報，這是不可能。如果以我們現有的存款、負債來做爲比喻，神通最多只能在短期中改變存付款的次序，卻不能改變資產的內容。所以想以神通解厄受福，絕不可能，而且如果形成短暫的干擾，後續的情況，並不會更好，甚至往往更壞。

在《法句譬喻經》中，曾記載有具足五通的梵志兄弟四人，企圖以神通避死而終究難逃一死的故事。

梵志兄弟四人，具大神通，有一天，他們得知自身七日後即將命終，於是相互商議著：「我們四人的神通力，能將天地反覆放置，以以手捫摩日月，移山倒海，無所不能，難道不能避過一死嗎？」

於是其中一人就說：「我入於大海上不出現，下不至底，正處其中，無常鬼一定捉不到我。」

另一個梵志則說：「我入於須彌山中，再把山合起來，讓無常無看不出痕跡，不知道我藏在其中。」

第三個梵志說：「我如果隱身於虛空中，無常鬼也看不到我。」

最後一個梵志說：「我藏身於市集中，無常鬼只要捉一個人，其他人也可以未必要抓我。」

這四人商議好之後，各奔前程，依照所計劃的一切來進行。

七天到了之後，在市集中傳出其中一位梵志猝死的消息，其餘三人皆到海上、山中、虛空中，雖無法實際驗證，但既然其中一人已經死了，其餘三者豈能獨免呢？

有人以此事請問佛陀，佛陀依此因緣說了如下的偈頌：

「非虛空也非海中，也非入於山石間，
無有地方及處所，能夠脫之不受死，
是務是吾等所作，當作令致如是。
人們爲此煩躁擾動，履踐老死的憂傷，
知此能自寂靜，如是見生已盡，
比丘厭離魔兵，能從生死得度。」

意思是說，無論在空中、大海，或是山石之間，沒有一個地方處所，能免之而不受死。眞正能遠離生死，是佛所作。人們爲此煩擾不安，受盡老死煩憂，如果了知此而心自能寂靜，如是見生已盡，厭離魔兵，而眞正能從生死中得度。

從這個故事中，我們可以看見，即使能神通能捫觸日月，裂開巨山，還是不能避過死劫，當因緣成熟時，就如同果實成熟自然會掉落，無法脫出掌力。

神通是因緣所成，所以並非長久不變的，在種種條件的變動下，神通也有退失的時候，並非可長久依恃的。

在《釋禪波羅蜜》中記載退失禪定的因緣，也可以說是神通力退失的間接因緣，由於佛教的神通是由禪定力所成，如果禪定力退失，神通也自然退失了。

論中說：「有六種法，能失禪定：一、希望心；二、疑心；三、驚怖；四、大喜；五、重愛；六、憂悔。」

這六種因緣能使禪定退失，連帶的也使神通退失。

除了自身的貪著外，外力也會使神通退失，在《佛說隨求即得大陀羅尼神咒經》中記載，隨求即得大自在神咒，具不可思議神力，能使一切魔眾退失神通，悉皆降伏，經中如是描寫：「復次大梵過去有佛，名開顏含笑摩尼金寶赫奕光明出現王如來，於菩提道場坐金剛座始成正覺。有無央數魔及諸眷屬，來詣佛所，現諸神力，作諸障難現諸惡相，作瞋怒形，雨諸器仗。

爾時世尊默然而坐，以慈善根力，憶念此咒。纔憶念已，彼諸魔眾。見世尊一一毛孔中，出百千萬億兵眾，身被衣甲放大光明；於虛中遊行自在。時諸魔眾退失神通，四散馳走。」

而具德修行者的威勢，也會使其他人的神通退失，無法作用。

當初世尊未出家前，爲太子時，曾在樹下坐禪，思惟正法。

這時正好有五神仙，在虛空中飛行，經過世尊坐禪的樹下上空，卻怎麼樣也飛不過去。他們驚異的相互說道：「以往我們能自在穿越須彌山乃至到毘沙門天王的天宮，即使是種種夜叉惡神的領空，我們都能飛行出入無礙，怎麼會飛不過這樹頂端呢？」

於是他們仔細看看，才發現太子坐在樹下。林中的守護神告訴他們，這位太子的威德比毗沙門天王、日天、月天等天神，更加廣大，以仙人有限的神通，是無法飛過樹端的。原來太子所思惟的是超越世間的正法，威德是世間天神、人王所無法相比較的。

此外，我們的眼、耳、鼻、舌、身、意等六種感官在接觸外境時，如果產生愛著或是厭惡時，都可能會使神通退失。

在《阿毘達摩大毘婆沙論》卷六十一中，記載著五百仙人因爲五欲的貪染退失神通的故事。

往昔有一位塢陀衍那王，帶著一大群宮女，到山林間，演奏五樂，縱情嬉戲，樂音清妙，香氣紛馥。接著，王又命宮女脫下衣服，露形而舞。

當時有五百位離欲仙人，以神通力飛行經過上空，看見這個情景，有見妙色、有聞妙聲、有嗅妙香，於是皆退神通，紛紛墮落於山上，就像鳥兒折翼落下，不能再飛。

同文中又記載：釋迦佛未出世時，有一古仙人名爲洲胤，天帝釋經常前往問法。有一天，帝釋天要前往仙人所時，他的夫人阿修羅女設芝夫人心想：「帝釋天是不是去找其他美人？我要偷偷跟去察看明白。」

於是，她就以神通自隱其形，跟著天帝釋的輦駕前仙人處。帝釋天原來沒察覺，一直到快到仙人住處時，偶而回頭，看見設芝夫人竟偷偷跟來，生氣的說：「你來做什麼？仙人不欲見諸女人，你趕快回去吧！」

設芝夫人不死心，以爲帝釋天騙她，就推托著不肯回去。天帝生氣了，就用華莖擊打夫人，夫人就發出媚人的聲音撒嬌。這時仙人聽見了這種媚音，神通立即退失。

這是對六種感官所觸外境產生貪染而退失神通的故事。

在《釋禪波羅蜜次第法門》卷三中，特別提及觸欲的害處，其中一者就是使神通退失：

「五、訶觸欲者，男女身份，柔軟細滑，寒時體溫，熱時體涼，及諸好觸，愚人無智；爲之沈沒，起障道業。如獨角仙人，因觸欲故，退失神通，爲婬女騎頸。」

文中所舉例的獨角仙人，是佛陀本生因緣的故事。在過去久遠世，波羅奈國山中有一個仙人，在沐浴時因爲看見兩鹿交媾，婬心生起，而精流澡盤，後來被雌鹿所飲，而生下一個男兒。這個孩子身形像人類，但是長一角，兩足似鹿足，所以被稱爲「一角仙人」。待年齡稍長，父親就勤教他學問，通達十八種大經，又學坐禪，行四無量心，得五神通。

有一天，他上山時，正値天雨路滑，摔倒在地，損傷其足，一時瞋心生起，持咒使天不雨。結果造成了國內的乾旱，農作物乾枯，於是國王出重金懸賞可以破解者。

這時城中有一個著名的妓女扇陀，就到仙人修行的山上，假裝成同樣是修行的仙人，並以美好的食物，飲酒、誘惑他，最後以美色誘之，使其神通退失，於是之前的禁咒自然失去效力，國內立刻降下滂沱大雨。

由以上的例子，我們可以知道神通是因緣條件所構成，有其限制存在，當條件改變時，神通也會退失，並非可以長久依恃的。

而世尊成道後初轉法輪的聖地鹿野苑（梵名 Mṛgadāva），又譯爲仙人鹿野苑、鹿野園，又稱爲仙人墮處、仙人園。位於今北印度瓦拉那西市（Varanasi）以北約六公里處。

關於地名之由來。在《大毘婆沙論》卷一八三中說，由於此地在佛未出世或出世時，恆有諸神仙住此不絕，所以稱爲「仙人住處」；往昔有五百仙人飛行空中，飛到此處在空中看見國王之婇女，因發欲心而失去神通，墮墜於此，所以又稱爲「仙人墮處」。

在《大唐西域記》卷九中，也記載著鬱頭藍子仙人退失神通的故事。

往昔有鬱頭藍子仙人，經常受到摩揭陀國國王的供養，每至食時，經常乘神通力，如雁王一般飛王宮上方，大王對其非常禮遇，皆親自承接，抱至金床上，燒香散花，恭敬禮拜，以勝妙飲食而供養之。

有一天，大王將遠遊，就把承事仙人的任務，交給宗族裏一位賢淑美麗的少女。仙人到宮中之後，少女同樣的將仙人承抱而起，不料仙人一碰觸到女色，生起愛染之心，神通退失，受供之後，想歸去時卻無法飛行。

於是他靈機一動，告訴王女：「平日仙人皆飛空而至，城中人民沒有機會瞻仰仙人，今日我決定步行回去，讓城中的民眾有機會可以看到我。」

於是仙人就以步行到王宮後的林園，在林中坐禪，但心卻無法靜止下來，到林下則鳥聲嚶囀，在池邊則魚鱉喧鬧，仙人情散心亂，失神廢定，就生起大的瞋恨心，發願來世投生爲暴惡猛獸，具狸身鳥翼，在空中能食噉一鳥類，入水中則吃水中一切生物，仙人忿恨的咒願之後，心情較平靜了，又精勤求入禪定，不久後復得本定，命終後投生於天上，但是天壽盡後，就投生爲怪獸，於是之前他所發願成就的怪獸，從此流轉惡道，未曾出離。

由以上的例子，我們可以發現當神通者對六根所觸的境界生起愛昔愛忿怒、瞋恨時，都可能會使神通退失。

由以上的例子，我們可以發現：神通的力量是相對的，並非絕對的，不同的修行、不同的因緣條件，神通力量也不相同。神通者在不同的情境、因緣與其神通力量也可能產生差異。因此，我們可以了解到：神通力量是因緣下所產生的技術，不是絕對性的力量。

所以，雖然神通現象，十分的不可思議，但是依舊西法的變因緣業力所造成的事實，因此修行者雖然能具備神通的力量，來增長各種良善的因緣，但千萬不要任性而隨心的使用神通。

第四章　修持神通的方法

要修持神通，需要精進修行，而要獲得大神通，更要以正確的觀念及方法，努力修證。

修持神通的基礎

在佛法中，要獲得大神通，必須具足兩個基本條件：一、學習般若波羅蜜，二、具足大悲心。

一個具足大神通者，對宇宙構成的實相——空的原理，必須要有深入的體解，了解宇宙萬象都是由緣起所構成的，都是如幻的，所以說「法無定相」，所有的事物與現象，都沒有固定不變的狀態，這就是能產生神通變化的原理。

在各種物理和化學變化中，我們可以很清楚的看到這種原理。例如：木柴在尚未被砍下之前是樹木，但是燃燒過後就變成灰了，如果以《金剛經》的講法，也就是：「所謂木柴，即非木柴，是名木柴。」再舉水的變化，水遇冷就結冰，遇熱就蒸發成氣體。雖然現象千變萬化，但是如果回到分子、原子的結構來看，才發現這是基本元素的排列組合所產生的無窮變化。

在一九五〇年的量子物理學界，曾發表研究報告，其中指出：當宇宙的能量聚集到極高時，會產生反物質現象。其實，同樣的現象，在我們的身心上也會產生，當人類的身心透過專注的修持，到達某一個程度之後，整個身心的能量也同時增強，身心的細胞旋轉到極點，拋出反物質，使整個身體產生內在小宇宙的爆炸，重新組合，而改變物質結構。

我們甚至可以說，宇宙的一切外相，完全取決於能量，而能量決定速度，速度決定時間、空間。

以我們所生存的地球為例，即使是像地球這麼大的體積，如果在高速的運轉下，也可能崩潰到比一枝筆還小的物質。在此，我們可以時空的相對性觀點，來解釋神通現象的變化：

俗語說：「天上一日，人間百年」這其實是描寫天界與人間中，時間運轉的相對性。以離人間最近的四天王天來說，他們的一天等於人間五十年，四天王天過一天，人間已經過了五十年，雖然他感覺一天，我們也是感覺一天。四天王天的天人壽命是五百歲，相當於人間九百多萬歲。

再上去的忉利天，能量更高，他們一天等於人間一百年。忉利天人的天壽是一千歲，等於人間三千六百萬歲，但是他們一天跟我們一天的感覺是一樣的。而極樂世界的一天，則等於人間的一劫。但是我們也可以反向思考，在人間修行一天，就等於在四天王天修持五十年，在忉利天修持一百年，相當於極樂世界修持一劫。

而透過禪定的修持，在身心專注一心的狀態下，的確會產生驚人的能量，所以對自身及外界的物質現象的轉換，也具有不可思議的能力。許多悟道的聖者，在入滅時，都示現了令人驚異的神通變化。

佛陀入滅之後，阿難尊者在某一次教導佛弟子中，看到一個愚痴的人仍然堅持原來的錯誤，於是感歎正法早滅，住世無益，而決定入滅。但由於阿難是極為著名的聖者，恆河兩岸的國王都希望他在自己的國家入滅，否則不惜發動戰爭攻打對方，奪取阿難尊者入滅後的舍利子。

阿難尊者不得已，只好走到恆河中間，卻不沒入水中，然後踴身空中，示現水中出火，火中出水等十八種神變，這種要產生自體燃燒的溫度必須極高，具有極大的能量才能如此。

這是能量決定了整個身體的變化，隨時可以轉換物質，甚至可以使其起火燃燒的實例。

以密宗的虹光身為例，甚至連舍利子都可完全消失，整個身體完全散為地、水、火、風四大元素，化為空，化成光明。虹光的產生，就是地、水、火、風的顏色所形成。這是用能量與相對論來說明一切法無定相之理。

當我們能了解到宇宙萬象一切都是空的，自然能夠自在變化，物質和能量自在轉變，把一切物質現象回歸到能量的狀態，再重新組合。而重新組合的變化程度，也就是神通境界的廣大狹小，則取決於腦中的創意與知識的廣博程度，而這就和是否具足悲心有關。

兩個禪定能力相當的人，神通也會有高下之分，如果腦子裏的東西少，學問差，神通就有所限制。在著名的通俗小說《西遊記》中，有一個例子可以很貼切的說明這個現象；孫悟空有七十二變，楊戩有七十三變，永遠比孫悟空多一變，神通就是比他廣大一點。

羅漢與緣覺等二乘聖者，雖然也具足悲心度眾，但主體上仍然是以解脫爲主，並不像菩薩心心念念以眾生的成佛爲重，眾生有多少種煩惱，菩薩就有多少種方便，所以菩薩要學習的法門無量，在四弘誓願中，就有「法門無量誓願學」這一項。

所以說菩薩必須廣學各種學問一般以「五明」爲代表。五明是指五種學藝，是古印度的學術分類方法。

這五種學問分別是指：

1.聲明：指語言、文典之學。

2.工巧明：指工藝、技術、算曆之學。

3.醫方明：醫學、藥學、咒法之學。

4.因明：論理學。

5.內明：專心思索五乘因果妙理之學，或表明自家宗旨之學。

在極欲度化眾生的悲心驅使之下，菩薩的神通境界自然非二乘聖者所及。我們還可以用電腦來說這種差別。因爲需求度的不同，電腦的功能自然也有極大的差異，只需要文書編輯功能的電腦，和需要繪圖、排版、運算的功能的電腦，在容量上就有極大的差別，要掛的程式越多，容量就要越大，速度也要越快。

在體悟空的實相，具足般若波羅蜜之後，再加上積極度化眾生的大悲心，這就是獲得大神通的兩個基本要件。

六通的修持法

當我們具足了般若波羅蜜與大悲心的前行之後，以下我們再進一步來學習最基本的六種神通修持法。

⊙天眼通的修法

天眼通又稱為「天眼智證通」，又稱為「天眼智通」或「天眼通證」，是指眼根所開展出來的神通。

《大智度論》卷五中說：「天眼所見，自地及下地六道中眾生諸物，若近若遠、若粗若細諸色，無不能照。」天眼通能見自身所處世間及較低階世間六道的一切現象，不管是遠近或是粗細，無一不能明照。

天眼通除了可以觀察到現在十方的世界；還能觀察未來的緣起。而觀察現在的十方世界，不只可以看到一般的鬼神而已，還可看到層層次次的天人，甚至還能看到外太空，甚至不只是看到一個太陽系而已，而是看到無窮的星系，甚至佛菩薩的淨土。

在《禪法要解》卷二中，記載修持天眼通的方法如下：

「若行者欲求天眼者，初取明光相，所謂燈火明珠日月星宿等，取是明相已，若晝日財閉目，夜則無在念上明相如眼所見。常修習明念，繫心在明，不令他念，若去攝還，心得一處，是時色界四大所造清淨之色在此眼中，是眼名天，以天四大造故，名爲天眼。」

其中說，如果要求天眼通者，先取燈火、日、月等光明之相，無論晝夜，常修習光明的心念，繫心於彼，不使分心，如果忘失了再回攝心念，如此反覆練習，則能成就天眼。

在《大乘義章》中說，修持天眼的方法如下：先入定心，次取日月燈明等相，作遠見想還入定中，如是多返極令純熟。

行者先入於定心，再觀察攝取日、月、燈明等相貌，待觀察明析之後，想像這是遠方的景像。也可以近的事物觀察清晰之後，再漸次觀察遠方的景像，如此反覆練習純熟，自然出生天眼通。

天眼通的修習方法，在了解萬法皆是空、無常的基礎下，以定心清淨，在禪坐時，開始觀想一切境相都是空寂的，從我們身上的所有細胞、整個身體、一切宇宙都是現空的，當我們對身、心、境的感覺越來越空寂的時候，再依於我們的慈悲心所引起的心念告訴自己：「爲了幫助一切生命，所以必須能夠看到他們、知道他們需要什麼樣的幫助。」就如同佛陀在菩提樹下悟道時，爲了憫念十方眾生而生起天眼通。

此時，我們再將念頭專注在：「我要看到一切生命。」

正如同《釋禪波羅蜜》中所說：「修天眼通者，行人深心，憐愍一切，發願欲見六道眾生，死此生彼之相。」

這時候我們要先找一個自己最喜歡的人來觀察，如此才容易修學成就。在初學時，千萬不要找自己最討厭的人來觀察，否則心起瞋恨，則修習難以成就。

當我們把最喜歡的人攝受到眼前觀察時，起先會產生模模糊糊的影像，漸漸開始有黑白分明的形體了，接著慢慢地可以觀察出色彩來，這就像調攝影機的焦距一樣，越調無距愈準確，目標越清楚，到最後毛髮悉現、一清二楚時，神通現象也就快現起了。但是如果沒有智慧、慈悲心以及足夠的定力的話，現起神通可能會帶給我們很大的麻煩，讓我們的生活及心念難安寧。所以修習神通時，一定要先具備前面的基本條件。

當我們觀察一人清楚時，可以再以定心觀察，繼續精進的練習，也可以再以這樣的基礎，同時觀察多人。

當我們同時觀察二個人，也到達毛髮悉現時，也可同時觀察三人、四人、五人……。在這樣不斷的觀想攝受觀察訓練的時候，突然間，就像線路接通一般，遠方的形像就這樣清楚而如實的出現在眼前，這時候天眼通也就成就了。

在這樣的境界之後，我們繼續修習。

有時候，會感覺一個人同時看到十方的法界，一清二楚，有時又像一個人身上有十個銀幕一樣，但是心裡面卻清清楚楚，不要混淆。

當我們一心努力修行時，甚至這種重重疊疊、無窮無盡的形象，到最後會昇華而進入華嚴境界。這時我們看到整個宇宙，就像無窮摩尼寶珠或水晶珠一樣，重重疊疊互相映照，但這種殊勝的天眼通境界，是佛菩薩特有的不可思議神通，一般的神通現象是沒辦法達到的。

在《釋禪波羅蜜》中說，成就天眼通有三種情況：

1.光明常照，白天、黑夜皆無差別。

2.對世間的遮障之物，看起來都如同虛空，無法障礙所見。

3.智慧光明。這是見到眾生生此死彼輪轉現象的生死智證明。這是由精勤的修習。意念不錯亂，樂於獨自閒居修行所得的成果。

在《長阿含經》卷十三中，說得證天眼通的人，能看見一切眾生從此處死，彼處生，行善投生到人天道中，行惡者入於餓鬼、畜牲、地獄等三惡道，隨著他生前所造的行爲業力因緣，往來於前述的五道中。經中並描寫具足天眼通的人所看見的情形：「譬如城內高度平地，四交道頭起大高樓，明目之士在上而觀，見諸行人東西南北，舉動所爲皆悉見之。」這說明具有天眼通的人，就好像視力很好的人，在四周皆是平地的高樓之上觀看往來行人的一切舉動，都一目了然。

⊙天耳通的修法

天耳通又稱為「天耳智證通」，又稱「天耳智通」、「天耳通證」。是可以聽到十方世界的訊息的能力，是指耳根所具有的一種特殊聽覺能力。

在《大智度論》卷五中說：「云何名天耳通？於耳得色界四大造清淨色，能聞一切聲、天聲、人聲、三惡道聲。云何得天耳通？修得常憶念種種聲，是名天耳通。」其中說天耳通能聽聞一切聲音，無論是人間、地獄、畜牲、餓鬼的聲音，皆能聽聞。

在《禪法要解》卷二中說，修持天耳的方法如下：

「若行者欲求天耳，亦以第四禪為本，修四如意分，如上所說，調柔其心，屬念大眾音聲，取種種聲相，所聞之聲常當想念，若心餘緣攝之令還。常當一心修念，即於耳中得色界四大所造清淨之色，是名修習天耳。以是天耳，聞十方無量國土音聲。」

其中說要以四禪為根本定力，調柔已心，取大眾音聲的種種音相，並繫心於彼，如果分心了再將注意力回攝。

在《大乘義章》卷二十五中，也有修持天耳通的方法：

「先入定心，次取諸聲作遠聞想，還入定中，如是多返極令純熟。」其中說先入於定心，再攝取各種音聲，聽聞清楚之後，再想像這是從遠方傳來的音聲，或是先聽聞近的音聲清楚明白之後，再漸次聽聞遠方的音聲，再還入定中，如此多次反覆練習，使其純熟，自然具足天耳通。

在《釋禪波羅蜜》中說：「即聞障外，障內一切六道音聲，苦樂憂喜，言辭不同，是名天耳通。」其中說天耳能聽到障礙之外與障礙之內的一切六道眾生的音聲，不管是痛苦、快樂等不同的聲音，都能聽聞。

如何修持天耳通呢？首先，我們先行禪坐，來使身心平靜，然後選擇一個聲音，專注去聽。

先從近的、粗的聲音開始聽起，例如聽鳥叫聲，當我們專注的聽鳥叫聲，啾啾啾啾啾……時，剛開始會覺得聲音很雜，很不清楚，但慢慢的心念平靜來了，會感覺愈來愈清晰，漸漸會感覺所聽到的鳥叫聲音變得很長，同樣的一聲：「啾啾啾」的音，在平常我們會感覺到是單調的聲音，但是，當我們專注的聽一陣子之後，不僅是鳥叫聲很清楚，連鳥叫的頻率婉轉曲折都聽得清清楚楚。如此不斷修習下去時，突然間，我們周遭的聲音都能聽到，而且越來越清楚了。

但是這時候可能會產生一種副作用，就是即使自己不在場，也會聽到別人的談話，尤其是談論自己的事，會感到特別難以忍受。所以，一個具有天耳通者，是不應該去聽聞別人談論自己的事情的。如果偶爾聽到，也該略過不去聽聞。所以證得天耳通者，不去聽聞他人的隱私，是一種道德，也是規範。而不去聽議論自己，是一種更高的道德。也因此希望具有天耳通，乃至一切神通者，要具有更良好的定力，慈悲與智慧，否則是自找麻煩。

除此之外，我們可能慢慢的連一切超過一般耳頻的大自然聲音者，都能聽聞，如地球轉動的聲音都可以聽到的。地球有沒有聲音呢？其實地球還是有轉動的聲音，只是我們人類的耳根沒有辦法聽到而已，如果我們的耳根聽的音頻夠大，能夠微細的話，就聽見星球轉動的聲。

當我們修習天耳，耳根愈來愈利時，慢慢的，聲音從近到遠，越來越細微都可以聽到，到最後連極微細的聲音都聽得很明確，至此，我們漸漸的深入修習，遠近的聲音同時都聽到了，這時想聽什麼就聽到什麼，但是注意，不要去聽會擾亂自身修行的聲音，以免自尋煩惱。最後我們悟入一切聲音的體性，了知聲音是如幻的、是空寂時，我們才悟入天耳通的智慧。以上是天耳通的修持方法。

⊙他心通的修持方法

他心通又稱爲「他心智證通」、「智心差別智作證通」。是指能了知其他生命心念的神通能力。

在《大智度論》中說：「云何名知他心通？知他心若有垢，若無垢；自觀心生、住、滅時，常憶念故得。」經中說，他心通能了知他者心中有垢染、無垢染，自觀心念生起、安住、消滅。

在《禪法要解》卷二中說，修持他心通的方法如下：

「若行者欲得他心智，先自觀心，取心生相住相滅相，亦知心垢相淨相定相亂相等，復觀心所緣垢淨近遠多少等，自取內外心相已，然緣觀眾生色，取欲相心、瞋相心、慢相心、慳相心、嫉相心、憂相心、畏相心，語言音聲種種所作相心等。作是念：『佛如我心，生時、住時、滅時，彼亦如是，自知心所緣，他亦如是，我心有如是色相、語言、所作相，他亦如是。』常修學心相，如是習已得他心通。」

大意是說，如果要修學他心通者，應先觀察自心染垢、清淨、安定、紛亂等種種心念相貌，然後再觀察眾生的神色容貌，想望之貌，生氣、傲慢、慳貪、嫉妒等表情神貌，來測知其心所想。

《禪法要解》中並以水無法障礙明眼人見水中魚的比喻，來說明眾生心雖為身所覆蓋，對具足宿命通者卻不成為障礙。而菩薩行者更可以在為眾生說法時，以他心通了知其性向、喜好，而為其說法。

《大乘義章》卷二十五中說，修他心通的方法如下：「修他心通亦三種道：一方便道，亦先入定，次觀他心測其心想，如是多返名方便道。二無礙道，由前方便熏發之力入定發慧，一無礙道斷障通壅三解脫道，無礙道後一解脫道，證除彼障，後時欲知他人之心即能知之。」

一是方便道，先入於定心之中，再觀察他人的心想，先推測他人心中所想，如此反覆練習。二是無礙道，是由前之方便道重發的力量，而入定發起智慧，斷除障礙，疏通壅塞。而解脫道則是在無礙道之後入於解脫道，除去障礙，這時要了知他人的心念就能了知。

接著，經中又說修習他心通的入門方法：「復次，觀他人喜相、瞋相、怖相、畏相、見此相已，然後知心，是爲他心智初門。」

開始修學他心通時，首先要觀察他人喜悅、瞋怒、恐怖、畏懼等種種相貌，然後能知其心念，這是他心通的初入門階段。

首先，我們可以先攝取自己最喜歡的人在面前，了解他一心一意的變動，清清楚楚明明白白的了解，但是心中不要波動，如同明鏡一般顯現出來。如果隨著所觀想的對象跑，就會像有的通靈者一樣，被別人的心念牽著走，這是妄念紛飛，而非他心通了。因爲一般而言，我們的念頭與被觀察者的念頭都是非常地紛雜，如果我們的心念不清明或跟著對方跑時，他心通就難以修成。因此我們的心要像明鏡一樣的觀察著對方心念的起伏，清楚而不隨對方起舞，這樣子自身紛雜的念頭都消失了，只剩下如靜水靈波般的寧靜。如此，對方內心的轉變，就能同時明顯的顯現在我們如明鏡般的心。

我們如此修學後，漸漸地，就可以同時觀察一個人、兩個人的心念了。但是在此，應當等觀察一個人的心念確實堅固之後，再擴大觀察，否則難以修成，因爲我們的週遭到處都是他人的心念，而我們的心念也不夠空寂，不夠清明，因此要漸次修學，否則容易受到其他心念的干擾而混亂。

佛陀就是依著自心明淨空寂的能力，所以一切眾生心念生起時，他都能如實了知，但是他不會受到干擾，因爲他有最深的定力與智慧，並依此而慈悲的現起遍滿一切。如果我們也能如此，當我們這樣傾聽對方的心時，一個清楚，兩個清楚，遠的清楚，近的也清楚，這時自然別人有什麼心情，我們都能原原本本如如實實的明白。我們如此漸次修學，他心通自然能成就了。

⊙宿命通

宿命通，全稱爲「宿住隨念智證通」，又稱宿住隨念智通、宿住智通或宿命通證、識宿命通，是指憶念宿世住事的神通力。

在《集異門足論》卷十五中說宿命通是：「能隨憶念過去無量諸宿住事，謂或一生，乃至廣說，是名宿住智證通。」宿命通能憶念過去一生乃至無量劫之自身的名姓、壽命、苦樂及生死等事，稱之爲宿住智證通。

宿命通能使我們了知宿命的各種情況，如投生之處、彼生的種族、姓名、飲食、個性、壽命長短，所有的苦樂之事，但是無法看到未來尚未發生之事。

在《長阿含經》卷十三中說，修習宿命智：「便能憶識宿命無數若干種事，能憶一生至無數生，劫數成敗、死此生彼、名姓種族、飲食好惡、壽命長短、所受苦樂、形色相貌皆悉憶識。」

《禪法要解》卷二中，記載修持宿命通的方法如下：

「若行者欲知宿命，先自覺知今所經事向所經事，轉至昨夜、昨日、前日，如是一月，從今歲乃至孩童，譬如行道，到所至處思惟憶念所經遊處，如是習已，善修定力故，憶念生時、處胎時，知某處死此胎生，知是一世、二世、三世、乃至百世千萬無量億世，以宿命智，自知己身及他恒河沙劫所經由事，悉皆念知，以宿命事教化眾生。」

我們可以先從今天所經歷的事情，再回想昨夜、昨日，乃至前日所經歷之事，如是一個月前，今年，乃至童年的事。就如比我們曾到過某處，回家後回想所經歷之處。如此輾轉回溯到處於母胎時，乃至前一世從何處死亡，再到達前二世、三世乃至百世……，成證宿命智，了知自身及恆河沙劫以來所經歷之事。

在《大乘義章》卷二十五中說，修持宿命通的方法如下：「先入定中，次起心想，尋憶過去所更之事，從近至遠，次第尋之，還入定中，如是多返。」

要修持宿命通者，先入定中，再回想過去經歷之事，從最近的事，漸次回想到久遠以前，再入於定中，如此多次反覆練習，而無礙道與解脫道則和他心通相似。

在《釋禪波羅蜜》中說，如果要了知今生，乃至百千萬生宿世的因緣，應當在禪定中以回溯心念來修持：「若欲自知己宿命及他宿命，百千萬世，所作事業，即當於禪定中，自憶己所於日月歲數中，經作之事；乃至歌羅邏（指初受胎之後七日的受精卵）時，所作之事，如是憶念一心，願欲知之。若心明利，便發神通，即自知過去一世，乃至百千萬世劫數中，宿命所作事業之相，了了分明，乃至知他宿命，亦如是，是名宿命通。」

此中不但可以了知自身的宿世因緣，還能了知他人的宿世因緣。

如何修持宿命通呢？我們在坐禪的時候，從這一個念頭開始，憶起上一個念頭。平時我們上一個念頭做了什麼，自己都忘記了，大部分都是在無記的狀況，也就是在習慣性的下意識念頭中做事，而自己不清楚。

在修宿命通的時候，要超越這樣的習慣，要清清晰晰、明明白白的了解自己的念頭，然後一個念頭、一個念頭一直往前追溯，乃至以前所做過的種種事情，都會浮現在意識當中，這時很多原本沒有印象的事都會記起來了。

當我們過去的心念一一浮現出來，回溯到最後，甚至進入住胎的狀況。但有時候這住胎中的一段會不十分清楚，應當一心觀察。當我們進入住胎的狀況時，現起嬰兒住在母胎的情景，再下去則浮現了入胎之前，接著是上輩子的情況，再上上輩子的情況。如此，心念回溯尋求，如此所有的過去生也會在這過程中一一浮現。一般而言，只要能憶起上輩子的情況，則上上輩子等過去生就容易現前了。

進入到這個階段時，要注意這時如果我們沒有足夠定力和慧力，絕對不能自己一個人到山上修行，因爲修到最後，除了我們從小到大所發生的事情之外，這些事情背後所伴隨的心念，每一個念頭中的自私自利，或是邪惡的部分，都會一清二楚。

當我們發覺自己的心念意然如此時，會心生恐懼，不能自安，甚而沒有辦法面對自己，不能接受自己竟然是這麼樣的一個人。這時候如果沒有定力，精神可能會因此崩潰，如果沒有慧力，不知道這一切都是因緣所成的，是空的、是如幻的，就會落於罪相之中，無法悟入實相。

在《大寶積經》卷一〇五中記載，當佛陀說法時，會中有五百菩薩，已經證得四禪，得五神通，但是尚未悟入實相，不能了悟如幻之理。

由於他們證得宿命通，看見自身往昔惡行，有殺父殺母者，有殺害聖者，或是毀戒、破壞僧團等諸惡業，於是深深生起憂悔，無法證入實相。這是由於這五百菩薩還有人我的分別，陷入罪相之中，因此不能獲甚深法忍。

這時，世尊爲了破除五百菩薩分別心的緣故，以威神力覺悟文殊師利菩薩。於是文殊師利菩薩承佛神力從座上起，整理衣服，偏袒右肩，手執利劍，直趣世尊。

法會大眾見到文殊菩薩竟然仗劍要殺害佛陀，都被震懾住了，也忘了自己的憂悔，目瞪口呆的看著這驚人的一幕。

就在文殊菩薩即將行逆害之時，佛陀忽然說：「且住！且住！汝不應造此逆行。我若被害，必爲善被害，如果內心見有我相、人相，如此彼已害我。」

這五百位菩薩聽佛如此開示，心中即思惟：一切諸法悉如幻化，眾中無我相、無人相、無眾生相、無壽者相，乃至無佛、無法、無僧、無有此逆罪，也無有造逆者，豈有造逆之事呢？」

由此思惟，而使五百菩薩脫出罪相，悟入實相如幻之理。

尚未開悟者，在發起神通後，見到以往的生命境界，由於未悟入實相，空、如幻之理，很容易產生如前所說的，落入罪相中無法脫出的情形，因此，就禪宗而言，沒有破初關，是不准閉關的，也就是沒有初步的開悟境界，是不能獨自閉關的，以免有境界發生，無法處理的危險，這也是在尚未開悟前發起神通的險處之一。

⊙如意通的修持法

如意通又稱為身通、神足通、如意足通、身如意通、神境智通、神境智證通、神境智作證通。是指隨意自在飛行，自在轉變境界等的神通力。

關於如意通的範圍，涵蓋很廣，甚至安住於智慧，對順、逆皆住於不動的捨心，能生起正念正知，如意自在，也都是屬於如意通的範疇。

在《大智度論》卷五中說，如意通有「能到」、「轉變」、「聖如意」等三種型態。

1. 能到是指空間上的無礙自在，包含了身能飛行，如鳥飛空無礙；及移置遠方的空間使變近，不必前往就能到達；第三則是能從此沒從彼出；第四是一念能至想前往之處。

2. 轉變是能自在改變物質形體、現象，如：大能變化作小，小能變化作大，一能作多，多能化作一，種種諸物皆能自在轉變。

3.聖如意是指能觀察色、聲、香、味、觸、法中不可愛、不淨之物爲淨，觀可愛、淨物爲不淨。這種聖如意法，唯佛獨有。

《大毗婆沙論》中也說如意通的作用包括：能分一爲多，合多成一，以及能於世間諸可意樂之事不住順境想，於諸世間不可意樂之事，不住違逆想。於可意、不可意事，皆能安住於捨，生起正念正知。

還有能舉身凌虛，猶若飛鳥，就如同壁畫上所畫的飛文或飛仙一般。

此外，由於此神通力故，能安住於此洲的大地，而手捫日月，或在屈伸手臂之間，就到色究竟天等神變作用。

在《長阿含經》卷十三中，提及比丘修習神通智證，所產生的種種變化，大多是屬於如意通的範疇：「變化一身爲無數身，以無數身還合爲一，身能飛行，石壁無礙，遊空如鳥，履水如地，身出煙燄，如大火積，手捫日月，立至梵天。」

經中並以工匠能善治物爲比喻有如意通者，對自身及外境的一切能自在轉變無礙。

如何修持如意通呢？如前所述，首先我們要了知一切是空，並具足大悲心，以此爲行神通的根本基礎，以悲智來指導修習。

在《禪法要解》卷二中，記載修持如意神通足的方法：

「若行者住於第四禪，依四如意分，一心攝念觀身，處處虛空如藕根孔，取身輕疾相，習之不已，身與心合，如鐵與火合，滅身麤重相，但有輕疾身，與欲、精進、思惟及助行法合。欲等善行力故，身則隨逐如火在鐵，輕軟中用。又復色界四大造色，在此身中與身和合，令身輕便隨意能去。如人服藥，令心了了身則輕便。譬如色界四大造色明淨，在此身故眼則明淨，如人學跳習之轉工絕於餘人，如鳥子學飛漸漸轉遠，身通如是，初得之時。或一丈二丈，漸能遠飛。是變化神通有四種：一者身飛虛空如鳥飛行，二者遠能令近，三者此滅彼出，四者猶如意疾。彈指之頃有六十念，一念中間能越無量阿僧祇恒河沙國土，隨念即至，用是神通身得自在，一身能爲多身，多身能爲一身，大能爲小小能爲大，重若須彌輕如鴻毛，如是等所作如意。」

大意是說，要修學神足通者，應住於四禪，一心觀察自己的身心，如同藕根孔一樣空虛不實，取身輕快迅疾之相，滅除身粗重之相，就如同幼鳥學飛一般，剛開始能飛一丈、二丈，漸能遠飛。修學如意神足通也是同樣的道理。

在《釋禪波羅蜜》中說：「次明修身如意通，行者既知宿命，若欲得身通變化，當於三昧中，繫心身內虛空，滅粗重色相，常取輕空之相，發大欲精進心，智慧籌量，心力能舉身未，籌已自知，心力已大，能舉其身，譬如學跳之人，常自輕舉其身，若觀心成就，即發身如意通。」

在修習如意通時，首先要具足定力，我們的意念要了知一切都是空的，而用這一切皆空的意念來觀照我們的身體。

這時，我們很粗重、很實在的身體，在意念不斷的觀照之下，身體開始會有變細、變輕、不實在的感覺。在這樣的感覺下，我們可以了知自己長成什麼樣子，是跟我們腦中的決定有關，換句話說，我們可以用意識來改變自己的身體基因！一旦我們的身體與意念完全相應的時候，神足通就可以修成了，這是最根本的方法。

如果這時還沒辦法體會，可以隨時隨地觀想我們身體的變化；走路的時候，觀想身體粗重的現象沒有了，身體的質量變得很細微、很輕。然後我們隨時保持這樣的感覺，隨時掃瞄自己的身體，將緊張、有壓力的地方鬆開，感覺到我們身體的每一個地方都很輕，很舒服，很空，隨時隨地感覺身體很空很輕，這樣持之以恆練習的結果，會使我們走路的時候感覺到身體很輕，會有輕相現起。到最後，腳跟一提起來，甚至會有浮在空中的感覺。此時要修成神足通就有可能了。當我們的定力越好，我們對改變身體的執行能力就越強，對自己身體的自主就越來越有把握。當我們感覺身體輕時，結果身體眞的輕了，以此類推，整個身體漸漸能隨心所欲，自在改變了，再依此繼續作深刻的觀照，如此神足通就能成就了。

在《長阿含經》卷十三中，也記載如何於定心中，從身中起變化心，化現異身的法門，經中說：「彼得定心，清淨無穢，柔濡調伏，住無動地。自於身中起變化心，化作異身，支節具足，諸根無闕。彼作是觀：此身色四大化成彼身，此身亦異，彼身亦異，從此身起心，化成彼身，諸根具足，支節無闕。

譬如有人鞘中拔刀，彼作是念：鞘異刀異，而刀從鞘出。又如有人合麻爲繩，彼作是念：麻異繩異，而繩從麻出。又如有人篋中出蛇，彼作是念：鞘異刀異，而刀從鞘出。又如有人合麻爲繩，彼作是念：麻異繩異，而繩從麻出。又如有人篋中出蛇，彼作是念：篋異蛇異，而蛇從篋出，又如有人從篦出衣，彼作是念：篦異衣異，而衣從篦出。摩納！比丘亦如是，此是最初所得勝法。」

經中記載了從此身化現異身的方法，也就是一般俗稱的「分身」。經中並舉了各種實際的比喻，來說明這種原理：就如同有人從鞘中拔刀，心想鞘異刀異，而刀就從鞘中出。又如同有人合麻爲如繩，作心念：麻異、繩異，而繩即從麻中脫出。這是從空心中化現異身的法門。

⊙漏盡通的修持法

漏盡通的梵文「漏」是指「煩惱」，是使眾生流轉生死的雜染的心理成份。「漏盡」是指煩惱淨盡，內心的染污分完全消除，這也就是佛法中的解脫境界。證得這種境界，則不再墮入生死輪迴，這是佛法最重要的神通。

證得漏盡通者，其內心的貪嗔痴等諸毒盡除，就像樹木的根被刨起來，雖然枝幹暫時還會繼續生長，但終究會乾枯。而證得漏盡通的聖者也是如此，雖有些習氣尚未完全去除，但是根本會輪迴的煩惱已經斷除了。而前五種神通是凡夫也能證得的神通，而漏盡通則是聖者的境界。在佛法的「三明」之中，這種境界也是其中之一，稱之為「漏盡智證明」。

在《長阿含經》卷十三中說明修持漏盡通的方法：「彼以定心，清淨無穢，柔濡調伏，住不動地，一心修習無漏智證，彼如實知苦聖諦。如實知有漏集，如實知有漏盡，如實知趣漏盡道，彼如是知、如是見，欲漏、有漏、無明漏，心得解脫，得解脫智。生死已盡，梵行已立，所作已辦，不受後有。」

這是以苦、集、滅、道四聖諦的修持，如是知、如是見，心得解脫，得解脫智。而本書第一章的介紹的因緣法、三法印等修學悟入，都能達到漏盡通的境界。

修持神通，最直捷有效的方法，還是先修持禪定，如果能證入初禪至四禪的境界，再依據修通的方法練習，自然容易引發神通，而且比較沒有後遺症。

以定力爲基礎，再修習神通，一向是神通修證的主要方法，而且依此有成證的神通，不只更加鞏固，而且具有更大的力量。當然要修得更廣大高明的神通，更需依靠智慧與慈悲心，如此才能修證神通的最高境界。

第五章 容易引發神通的修持法門

神通主要是透過專注的定力，加上特殊的方便技巧，所激發的深層生命能力。

由於神通的修習，主要依靠定力，及特別的運心技巧，因此，有些禪觀法門，由於在定力修證及運心技巧方面，特別容易引生這樣的深層生命力量，而發起神通。在本章我們就特別探討此類的修持方法。

在佛法的各種法門中，除了基本的禪觀之外，許多大乘佛教的三昧，例如：如幻三昧、圓覺二十五輪三昧、首楞嚴三昧等，都能引發廣大的神通。

而在修學種種大三昧之前，最重要的是必須具足智慧與悲心，才能現起諸佛菩薩不可思議神通。修學大三昧，首先要能具足正見，正見就是了悟三法印，了悟性空的實相，再依此正見來指導我們的身心修行，依正見產生正確的觀察、正確的修行，就能產生正果，而證得這些大三昧境界；如果沒有正見，一切都是枉然。

除了正見之外，要圓滿證得這些大三昧，還要加上大悲心，我們要有大悲的願力，才能夠修大行、成就大法。如果心力不夠大，就只能形成小枝大葉，不能成為大樹，所以當大法來臨時也沒有福德承受，只能白白空過無法具足修證大法的力量。

我們可以用種盆栽的比喻來說明這種情形。譬如一棵榕樹，我們很努力地將榕樹種在盆景裡，每天小心翼翼的看護著，很寶貝的澆水、施肥、剪枝、塑形等等，辛苦地辛勤照顧，過了幾十年，這榕樹還是只有一點點大。如果將這棵榕樹種在大地上，就能長成大樹，供無數的眾生棲息、乘涼。這就如同我們心地廣大猶如虛空，以整個大地、整個法界為安住之所，人間的一切恩怨情仇、小枝小節都是很快地隨風而過。

將樹種在大地上，就像菩薩發大心度眾生，所成就的神通變化自然廣大不可思議，不是一般世間人及二乘者的神通變化可以比擬。在經典中記載：菩薩入初禪會見到毛孔流佛的境界，看到淨土，而阿羅漢或是一般人，即使進入四禪，卻無法看不到這不可思議的境界。這是心地廣大與否的問題。

菩薩的三昧和阿羅漢的三昧內容不同，但是由於他們的發心不同，產生的神通變化也有所不同，甚至見到如來神變的境界也不同。在《大方廣佛華嚴經》卷六十〈入法界品〉第三十九之一中，記載如來於逝多林入於師子頻申三昧時，當時法會中上首的諸大聲聞：舍利弗、大目犍連、摩訶迦葉等，在逝多林皆悉不見如來神力、如來嚴好、如來境界等，也不見不可思議的菩薩境界、菩薩大會、菩薩遊戲等。

這是由於二乘聖者並未發起無上正等正覺之心，所以善根不同，對佛及菩薩三昧境界悉不能見。

經中說：「如是等事，一切聲聞諸大弟子皆悉不見。何以故？以善根不同故，……本不於生死流轉之中發阿耨多羅三藐三菩提心故，本不令他住菩提心故，本不能令如來種性不斷絕故，本不攝受諸眾生故，……本不發一切菩薩諸大願故，本不從如來加被之所生故，本不知諸法如幻、菩薩如夢故，本不得諸大菩薩大歡喜故。如是皆是普賢菩薩智眼境界，不與一切二乘所共。以是因緣，諸大聲聞不能見，不能知，不能聞，不能入，不能得，不能念，不能觀察，不能籌量，不能思惟，不能分別。是故雖在逝多林中，不見如來諸大神變。」

爲什麼二乘聖者無法發起廣大菩提心呢？經中說：「何以故？諸大弟子依聲聞乘而出離故，成就聲聞道，滿足聲聞行，安住聲聞果，於無有諦得決定智，常住實際究竟寂靜，遠離大悲，捨於眾生，住於自事。於彼智慧，不能積集，不能修行，不能安住，不能願求，不能成就，不能清淨，不能趣入，不能通達，不能知見，不能證得。是故雖在逝多林中對於如來，不見如是廣大神變。」

這是因爲這些聲聞行者滿足於自身解脫的聲聞後，遠離大悲，捨於眾生，無法幫助眾生積集智慧、或幫助眾生趣入、通達，所以不能見到如來廣大的神變境界。

修行大乘三昧的心要，可以總攝成五大口訣：1.願力廣大；2.現了如幻；3.大悲相續；4.細密勝行；5.生心無住。以下分別說明之。

1.願力廣大

要修學廣大三昧，首先願力也一定要廣大，廣大的願力才能扭轉無緣之處，才能爲最深苦的環境增加力量，所謂業力不敵願力，清淨無染的願力是可以超越各種障礙的。

2.現了如幻

現了如幻，是要具備般若智慧，明了空性，現觀宇宙的現象本如夢中花、第二月，皆是夢、幻、泡、影，像一場大遊戲，只是因爲眾生在無始無明的籠罩下，步步糾纏，一一執著，輾轉層層累積，自我漸漸膨脹，自由自在也漸漸滅失，彼此的彈性空間也愈來愈狹。

如此一來，不僅願力無法清淨有力，更會形成爲個人我執的展現，徒增無明的強度。所以，我們要現前了知：萬事萬法皆是如幻空性，皆是因緣所生，因緣和合而有，因緣散失而滅，雖然有因緣所生之相，但並無不變獨立的體性。雖然是空性，卻有因緣之相，這就是如幻。而且如幻是現觀了悟的，並非推演而得，後者可以是入門方便，但不是究竟之意。現了如幻、不假思量，如此才能清淨三昧修學的歷程，這是修學三昧的根本正見。

3.大悲相續

行者了知一切如幻之後，有時會生起懈怠的心念：「反正一切都是空的，不必執著，到處遊戲人間就好了。」這種心念是小乘解脫者的心，不能達到佛境，仍居於小乘之位。這時應該回過來使自己悲心發起，而且要相續不斷、無間無止，如此才是大慈大悲。

有了願力、如幻觀之後，加上大悲相續，就能潤澤體性，遊任濟度眾生於苦難中。因爲願力的緣故，大悲能充沛不竭，因爲如幻的緣故，大悲能清淨無染，如此修學三昧，才能展現大作用而無障礙。

4.細密勝行

具足願力、智慧、大悲之後，還要切實的修學各種法門，廣學菩薩行，以此來具足度化一切眾生的能力。經典中比喻眾生有八萬四千種煩惱，這是一種約略的分類，來代表眾生的煩惱很多。而菩薩爲了度化眾生，也當該修學八萬四千種法門來相應之。所以爲了落實悲心願力，切實利益眾生，相應眾生各各根基，所以要在各種細微的、顯密的殊勝法門修學上下功夫，這就是四弘誓願中的法門無量誓願學。

5.生心無住

廣學各種千萬萬的細密勝行之後，我們當面對眾生無明煩惱而要施與救濟時，則要「生心無住」。這是《金剛經》中「應無所住而生其心」這句話的修行方便。「無所住」，是心寂滅、無所執著，具足般若智慧、空性、無有顛倒夢想，就像《心經》所說：「無眼、耳、鼻、舌、身、意，無色、聲、香、味、觸、法，無眼界乃至無意識界，無無明亦無無明盡，乃至無老死亦無老死盡，無苦集滅道，無智亦無得。」當我們了知空的實相之後，在生活中也當如此實踐。

發心修學三昧者，以行菩薩道爲志向，面對眾生要懂得生心無住，否則空有生心救度之念，沒有無住爲明鏡，會造成更多的自身或他人的煩惱、無明，也可能加添自己的貢高我慢，志得意滿，驕傲不已，或因度眾困難而懷憂喪志。如果空有般若無住智，而無法生起心慈悲也是枉然，所以修當大三昧的第五個要點，是將修學三昧之境界，依願力、智慧、大悲、廣博細行而對眾生生心無住，實踐永遠的菩薩行。如果我們能體會契入、篤行實踐這五個口訣，必定能幫助我們成就廣大三昧，也能讓我們的神通境界，更加圓滿。

了解以上的觀念之後，我們再進一步介紹各種容易引發神通的法門。

十種遍一切處禪觀

十種遍一切處禪觀，（梵 daśa kṛtsnāyatanāni）是能使行者遠離三界煩惱的禪觀。能引發各種變化、往來無礙自在等種種神通。

此種禪觀是觀六大及青、黃、赤、白四顯色遍滿一切處而無間隙。又名爲十一切處、十遍、十遍入、十遍處定、十一切入等。其中，觀「地大」周遍一切處而無間隙，稱爲地遍處；觀「水大」周遍一切處無有間隙，稱爲水遍處；觀火、風，乃至空、識，稱爲火遍處、風遍處乃至識遍處。

這個觀法是行者修證八解脫、八勝處之後，於「色」等物質證得淨相，在所觀之中能夠轉變自在，但仍未周遍，所以要更修此定。由於這個方法能證得深刻的定境，並透過定力，調鍊我們的心力，來轉觀一切存有的物質萬相，因此也特別容易引發各種神通。《阿毗達磨雜集論》卷十三說：「依解脫故造修，由勝處故起方便，由遍處故成滿，若於彼得成滿，即於解脫究竟。」

《瑜伽師地論》卷六十二中說，依此觀行能成就五事，其中一者就是能引發神通。

(1)由修習地遍處等乃至白遍處，便能引發化、變事諸聖神通。

(2)由修習空無邊處一切處，便能引發往還無礙諸聖神通。

(3)由修習識無邊處一切處，便能引發無諍願智無礙解等諸勝功德。

(4)由識無邊處遍處成滿，便能成辦無所有處解脫及非想非非想處解脫。

(5)由此成滿因故，使能證入想受滅解脫最勝住所攝。

另外依南傳《清淨道論》所說，「識遍處」則為「光明遍處」取代，其中並述及依十遍而修習，皆各有成就，能變化種種神通。即：

(1)依於地遍，能以一成為多等，或於空中、水中變化作地而以足行走或坐立其上，或以少及無量的方法而得勝處。

(2)依於水遍，能出沒於于地中，降下雨水，變化江海等，或震動大地、山岳、樓閣等。

(3)依於火遍，能出煙及燃煙，能降炭雨，以火滅火，欲燃則燃，或作諸光明以天眼見東西。

(4)依於風遍，能速行如風，降風雨。

(5)依於青遍，能變化青色，作諸黑暗，或依於妙色及醜色的方法而得勝處、證淨解脫。

(6)依於黃遍，能變化黃色，點石成金，或依於妙色醜色的方法而得勝處、證淨解脫。

(7)依於赤遍，能變化赤色，並如上述證淨解說。

(8)依於白遍，能變化白色，離惛沉睡眠，消滅黑暗，爲以天眼看東西而作諸光明。

(9)依於光明遍，能變化輝煌之色，離諸惛沉睡眠，消滅黑暗，爲以天眼見東西而作諸光明。

(10)依於虛空遍，能開顯於隱蔽，在大地中及山岳中亦能變化虛空，作諸威儀，可以在墻垣上自由步行。

十遍處觀是依勝義的觀想生起禪觀，並非以眼見的事相做爲修法的依止因緣。以寂定的心觀想地、水、火、風及各種顏色周遍而廣大，遍滿一切宇宙法界，這種方法對於修行人的幻化觀及心的廣大，具有極爲有力的調鍊作用，能使我們的心念生出廣大的威力，現起廣大的神通境界。

由以上所述可知，透過十遍處觀的禪法，我們能自在的調鍊心力，轉化宇宙的萬象，因此能引生各種廣大的神通境界，並且能證得解脫。

四念處

四念處是三十七菩提分法中的一部分，三十七菩提分法是原始佛教與部派佛教中，一套最具代表性，也是最重要的實踐法門，而透過四念處直觀身心的禪法，也能自在掌握轉換身心的能力，獲得神通能力。

四念處又稱四念住、四意止、四止念，或單稱四念。即身念處、受念處、心念處、法念處。也就是觀身不淨、觀受是苦、觀心無常、觀法無我，以對治常、樂、我、淨等四種顛倒妄想的觀法。所謂「念」是指與觀慧相應的心念；「處」是指身、受、心、法四境。於此四境起不淨、苦、無常、無我等觀慧時，能令念止住於其境。因此稱爲念處或念住。

由於四念處法門，是正確觀察我們的身體、感受、心念及眾法的禪觀。因此，在修持時，由於身心感受及諸法都依禪觀，而現起正確的眾相，所以在產生定力後，十分容易引生身心的深層力量，而現起神通。四念處的觀察如下：

一、身念處：觀色身不淨之旨而破淨顛倒。身之不淨有五種：

1.種子不淨，指父母之赤白二渧種子不淨。

2.住處不淨，貽內十月住於母之臟中，故不淨。

3.自相不淨，出生後於不淨中起臥。

4.自性不淨，自身中之骨髓、毛孔，臭如死狗。

5.究竟不淨，命終後手足分散是爲不淨。

二、受念處：眾生有見兒女、財寶等以爲樂，或行淫慾以爲樂等之受。故宜觀此種受實是苦。

三、心念處：我等之心乃念念生滅，剎那剎那轉變，故觀心無常。

四、法念處：觀萬法中無我、無我所，於法不起我與我所之顛倒想。

當然，更究竟的是了知身、受、心、法等四者皆不可得，又稱爲「四不可得」，身如虛空，受不在內不在外，心唯有名字，法不爲善不爲不善，故不可得。《諸法無行經》卷上：「若行者見身如虛空，是爲身念處。若行者見受不得內外兩間，是爲受念處。若行者知心唯有名字，是爲心念處。若行者不得善法不得不善法，是爲法念處。」如果能如實修此四念處觀法，則能了知身、受、心、法皆不可得，進而了知不淨、苦、無常、無我之理。

天眼第一的阿那律尊者，就是以修習四念處而成就天眼通。《雜阿含經》卷二十中，阿那律尊者告訴阿難尊者：「我於四念處修習多修習，成此大德大力。何等爲四？內身身觀念處繫心住，精勤方便，正念正知，除世間貪憂。如是外身、內外身，內受、外受、內外受，內心、外心、內外心，內法、外法、內外法，觀念處繫心住，精勤方便，除世間貪憂。如是，尊者阿難！我於此四念處修習多修習，少方便，以淨天眼過天、人眼。」

阿那律尊者告訴阿難尊者，自己就是在四念處精勤修習，而證得清淨天眼。

如何修持四念處法門呢？

1. 身念處

身念處是以正見禪觀，來觀察自己身體的實相，並以此來破除我們對自己身相的貪著，及其所產生的執著及痛苦。

所以，在《中阿含》的〈念處經〉中說：「云何觀身如身念處？比丘者，行則知行，住則知住，坐則知坐，臥則知臥，眠則知眠，寤則知寤，眠寤則知眠寤。如是比丘觀內身如身，觀外身如身，立念在身，有知有見，有明有達，是謂比丘觀身如身。」

所以舉凡行、住、坐、臥、睡眠、晨寤醒覺時，我們立念在自己的身上，能夠如實的現觀自身，並如實的產生了知、見、明、達的境界，而解脫開悟，這是觀身如身的身念處境界，當然這種觀法對開發身體的神通境界，幫助極大。

由此可知身念處觀的範圍極大，其實我們每天從早到晚二十四小時的生活中，所有身體的現象，都是身念處的對象。不管坐車、打電話、看電視、吃飯、旅遊，也無非是身念處的範圍。只要我們用明覺的心，立念在身，自然能證得身念處禪觀，如果修證得宜，也能讓我們在日常生活中，逐漸修證具備神通能力

2.受念處

受念處，受念處觀是要觀察我們一切感覺的眞實原貌，所修習的禪法。

當我們仔細諦觀這些執著的感受時，卻發現這些執有的快樂，卻爲我們的生命帶來負擔與痛苦。但是我們的心中，總是不肯清楚的認知實相，而以主觀的執著心念，來造成求樂反苦的事實。因此，觀受是苦，就是用來對治我們生命中錯

誤顛倒的感受，也是讓我們感受的原貌，眞實現起的方法。

3. 心念處

心念處，心念處的觀法是要觀察我們的心念的實相而來。

我們的心念是變動不拘、遷滅無常的，但我們卻不明瞭。我們的心，常是念念的生滅不停，在刹那、刹那中不斷的轉變。因此，我們的心意事實上是不斷的在改變著，我們卻由於不覺而執著。

所以我們總誤以爲自己的心是常住不滅的，因此常常處在偏執當中而不自知，使自己的生命深陷在痛苦迷惑之中。因此觀心無常，能使我們心如明鏡一般，體悟自心生滅的眞相，以對治我們認爲自心爲常住不滅的顛倒假相，讓我們掌握自心。

4. 法念處

法念處，所謂法念處是觀察一切萬法的實相的禪觀。

一切諸法，事實上都是由因緣和合所生起，無我也無有我所，並沒有任何不變的自性。所以，當我們誤認在緣起的現象中，由因緣和合而現起存在的我，是一個永恆不變、自在常存的存有者，絕對是錯誤的認知。

執著有我的認知，不只是一種錯謬，對於我們自己，也沒有任何幫助，不只讓我們不能溫柔自在的圓滿生活，而且更會帶來許多無謂的痛苦與煩惱。所以，體悟一切諸法都是無我，而且也是非我所有的，才能使我們獲得眞正的自由、自在。因此，觀法無我，能夠對治我們執著常我的顚倒意念，讓我們得證自在解脫。

四念處法門是直觀身心的眾相的禪法，是最有力、直接的禪法。透過如此的修持，能夠讓我們很快速的開悟解脫。同時，我們如果能在直觀身心的方法中，掌握自在轉換身心的能力，自然容易生起神通的境界。

不淨觀

自古以來，不淨觀就與數息觀，並被稱爲「入道二甘露門」，也就是修行中兩種極爲重要的入道之法。不淨觀（梵語 **asubhāsmṛti**），是觀照身體不淨實相的禪法，又稱爲「不淨想」。就是以觀想之法，看見自、他色身之不淨，藉以對治貪欲障礙的禪法。而在這樣的觀察中，也由於破除對自己身體的執著，因此也具備轉換身心的力量，所以容易引發神通。

《禪法要解》卷上說：不淨觀可對治六種欲，經文中說：「若淫欲多者應教觀不淨。不淨有二種：一者惡厭不淨，二者非惡厭不淨。何以故？眾生有六種欲：一者著色，二者著形容，三者著威儀，四者著言聲，五者著細滑，六者著人相。著五種欲者令觀惡厭不淨，著人相者令觀白骨人相。又觀死屍若壞若不壞，觀不壞斷二種欲：威儀、言聲。觀已壞悉斷六種欲。」

這是說明眾生對身體的執著大約可分爲六類，一是執著色相，二是形容，三是威儀，四是言語音聲，五是皮膚細滑的觸覺，六是著人相。

在南傳佛教中，不淨觀也是重要的禪修法門。依《清淨道論》所載，有所謂「不淨業處」者，又稱十不淨。是修不淨觀時所觀想的十種現象。此即觀察死屍自腐爛以至成為白骨的十種狀況，俾使行者心生厭惡、脫離貪愛執著。

這十種不淨業分別是：膨脹相、青瘀相、膿爛相、斷壞相、食殘相、散亂相、斬斫離散相、血塗相、蟲聚相、骸骨相。這些都是為死屍之不淨。

如何修持不淨觀呢？《大毗婆沙論》中說：「修觀行者，繫念眉間，或觀青瘀，或觀膨脹，或觀膿爛，或觀破壞，或觀異赤，或觀被食，或觀分離，或觀白骨，或觀骨鎖。」

不淨觀的修持法，首先觀人初死之時，方才還能辭談言笑，忽然死亡，氣息消滅，身體寒冷，無有覺知。這時家室驚動，呼天搶地，之前尚能言語，為何忽然便已離去？這是人生之大怖畏，但卻無法可脫免者。

死亡對於向來悟入實相者而言，是可怕又令人厭惡的，但卻無可脫免。我們的身體，不久之後皆將如是，同於木石，無所覺知。故現今我等，實不應貪著於五欲之中。如果不覺死之將至，而貪著五欲則與牛羊禽獸有何不同？牛羊禽獸，雖見同伴死去，跳騰哮吼，但是不能覺悟生死無常。我們既已得到人身有了智慧，能識別好醜，應當勤求甘露不死之法。人身難得，佛法難聞，而今當於此生勤修得度之法，而求解脫。

行者如此思惟已，即取自己所愛之人，或男或女，脫衣露體，臥置地上，於前置之身體觀如死屍，一心定觀，觀此死屍，心中甚爲驚畏恐怖，因而破除愛著之心，這是不淨觀的前方便。

因緣觀

因緣觀（梵名 idampratyayatā-pratyasamutaāda-ṣ）又稱爲緣起觀，緣性緣起觀，觀緣觀等，是順逆觀察十二因緣，破除生死的法。由於因緣觀對生命流轉的現象，觀察得特別深刻，因此在修學的過程中，往往能衝破此生的意念限制，體悟過去世的因緣，印證宿命因緣，成證宿命通。

所謂十二「因緣」，是指十二法緣，因爲輾轉能感果報，所以名爲「因」，因互相依藉而有，稱之爲「緣」。因緣相續，以致生死往還無際，如果使無明不起，則生死輪迴皆息，能出離而得解脫。

什麼是十二因緣呢?

無明緣行，行緣識，識緣名色，名色緣六入，六入緣觸，觸緣受，受緣愛，愛，愛緣取，取緣有，有緣生，生緣老死，這十二種使生命輪轉不已的因緣，稱爲十二因緣。

十二因緣，是我們觀察整個生命的過程，所有的生命現象，都是從生到老、病、死；所有生、老、病、死都是不斷的循環著。當我們出生的時候，是由母親最深刻的痛苦當中而來的，然後隨著年月的增長，身體逐漸的長大有力，但是等到年紀逐漸老大的時候，所有生命的力量也就逐漸衰微了。

在這個過程中，有快樂，有痛苦，但最後還是難逃年老、疾病、死亡一途。在這樣的現象中，會引發我們的思惟：「

人難道永遠是在生老病死當中，輪迴不止嗎？

爲什麼永遠要面對著死去的親人的死亡，而心生痛苦？

我們如何去止息生、老、病、死的現象呢？」

佛陀教育我們要斷絕死亡，就是要斬斷輪迴的鍊鎖。有生必有死，所以要斬斷死亡，只有證入無生的境界當中。

而這生、老、病、死的種種現象之中，都是有因有緣的，生老死的痛苦是來自我們的自心，從心的貪執、執取而產生的現行、存有的現象，那麼我們的我執突破我們的感觀去執取種種的萬物萬象，終將使我們的生命，生生世世永不止息。此時發起現在就要超脫一切無明枷鎖的決心，幫助所有眾生脫離這生老病死苦的輪迴。

在十二因緣的修持法上，十二因緣之觀法有順、逆兩種。順爲流轉，逆爲還滅，也就是所謂順觀十二緣起，觀察：因「無明」而起「行」，「行」緣「識」，「識」緣「名色」，「名色」緣「六入」，「六入」緣「觸」，「觸」緣「受」，「受」緣「愛」，「愛」緣「取」，「取」緣「有」，「有」緣「生」，「生」緣「老死」，憂悲苦惱。這是世間染污之門，一切眾苦由此出生。

因此，要斬除這十二因緣，應當逆觀還淨之門。要斷「老死」當斷「生」，「有」斷則「生」斷，「取」斷則「有」斷，「愛」斷則「受」斷，「觸」斷則「愛」斷，「六入」斷則「觸」斷，「名色」斷則「六入」斷，「識」斷則「名色」斷，「行」斷則「識」斷，「無明」斷則「行」斷。當無明斷除之後，則一切業行皆轉爲清淨好行，自在解脫，生起漏盡通。

當然修證因緣觀，最重要的是要自在解脫，證得漏盡通。但是如前所述，修學因緣而證入禪定時，可能破除此生的障礙，而證得宿命通。此外因緣觀了澈眾緣的生成。因此，不管是生此死彼的天眼通，了知一切因緣音聲的天耳通，觀察他人心識的他心通，及照破身相因緣的神足通，都可在依因緣觀而成就的禪境中，以各種修習神通的方法，自在證得。

通明禪

通明禪禪觀，由於其特別能引發六通三明，所以稱為「通明禪」。由於修此禪定時，先通觀息、色、心三事，所以為通；此定明淨，開心眼，徹見無礙，所以稱為「明」。修學此禪定可為得神境、天眼、天耳、他心、宿住、漏盡等六通，又得宿命、天眼、漏盡等三明，所以稱為通明。雖然其餘禪法也能發起六通三明，但是都不及此禪法迅速直接，所以唯有此禪稱為通明禪。

通明禪法能夠光明清淨，能夠開發我們的心眼，沒有任何暗處，所以不但能觀一達三，還能徹見無閡。因為能觀一法而又能達於三法，徹見無閡，所以叫通明禪。

如果善行修學這個禪法，必定能夠發起六種神通、三種智明。六通就是天眼通、他心通、宿命通、天耳通、神足通、漏盡通等六通，三明指的是宿命明、天眼明、漏盡明。三明、六通是一般成證阿羅漢者能達到，外道雖能得證五神通，卻還不能證得解脫的智慧——漏盡智慧通。三明，是大阿羅漢能得，在佛則名為「三達」。在《大集經》中說：「法行比丘修此禪時，欲得神通即能得之。」

由此可知，通明禪觀的修法十分犀利，力量十分強大，要正念修習，否則引發神通境界，卻邪心邪取而增長惡業，是十分可惜的，所以一定要以觀慧作基礎。

對一個菩薩行者而言，必須要有大悲作根本，以大悲觀慧作基礎；此外，使心安住於平等實相，以實相心，以諸佛如來果地心、平等實相心，來修學這個禪觀，如此才是圓頓平等無差別相，於善巧如幻中現起修習，廣度一切眾生。

通明禪初始時主要是調鍊心、息、身三者，使之一如。

如何修學通明禪呢？

一般數息法是調身、調息、調心，不斷的一心數息，綿綿而數，數到最後入，但是這與通明禪不同。通明禪首先要使心、息、身這三者達到「如相」，也就是「身如」、「息如」、「心如」，而最後達到「如心相」。

修習此禪法，須從初發心修禪，即觀息、色、心三事皆無分別，通體一如。

觀三事如，必先觀「息如」：即攝心靜坐，調和氣息，一心諦觀呼吸，觀想氣息遍身出入，如果慧心明利，即能察覺氣息，入無積聚，出無分散，來無所經由，去無所履涉。雖然明覺，息入出遍身，觀之如空中風，無有自性，即是觀息如心相。

次觀「色如」，行者既然已知息依於身，離身無息，即應諦觀身色如。這個色相，本來沒有，都是無始以來妄想因緣串習所成，招感今世，地水火風，四大造諸色相，圍此虛空，假名為身。此時應一心諦觀身體之三十六物及四大之相，一一非身，亦非實有，了無自性；此時乃察覺無身色可得，即達色如之境。

接著再觀「心如」。此時當知：由於有心識的緣故，而有身故，此身來去動轉。如果無心，誰能了別色相？色相又因誰而生？因此仔細諦觀此心，發覺此心乃是藉因緣而有，所謂「有因有緣世間集，有因有緣世間滅」，生滅迅速，不見有住處相貌，但有假名，而假名亦空，即達心如。

接著觀察呼吸時，察覺息不可得，以其來去無常，了無自性，達色、心空寂，因為三法本不相離，色、心亦復如是。如息、色、心三事了不可得，即不得一切法。

色、息、心三者和合，能生五蘊、十二入、十八界一切諸法。使諸有情領受眾苦煩惱，產生善惡行業，往來六道輪迴，流轉不息。若能了知此三事本來無生，則一切諸法，本來空寂；如此，則爲修習如心之相。

修此禪法要動靜一如，在行、住、坐、臥之中，都能保持明淨。

在通明禪裡的未到地定境界中，不只看到體內的內臟，連內臟組織皮的薄膜也會看得到。所以不只能看到心臟而已，心臟裡面的每一個組織，每一個瓣膜都可以看到。不只能看到我們的皮膚而已，連皮膚一層一層的膜都十分明晰。

剛開始我們會觀察到身體的內臟，感覺到十分不淨，在此能會通於「不淨觀」。再來更深刻一點，連裡面的蟲、細菌都看得到，甚至可以看到它們在體內的活動。修習到這種程度，有時候會聽到它們的語言，也懂得它們的含意，轉而通達一切眾生的語言，之後整個身心會像琉璃一樣，完全清淨。

在通明禪的修證中，有一般的行人，有修四聖諦的聲聞行者，會悟覺四聖諦，通達正道諦。有些是修緣覺的行者，能通達緣起。另有修習菩薩行者，通身會淨如琉璃，毛孔現佛，得菩薩三昧。不同見地與發心的行者，修習此禪，所得到的證相境界也不相同。

慈心觀

慈心觀又稱爲「慈心三昧」，白光明慈三昧，大慈三昧，一般用來對治眾生的瞋恚。此外，慈心觀也能成證廣大神通，如《華嚴經》中所說：過去、現在、未來的「十世齊觀」境界，就可以由此入手。慈心觀能有大福德，亦可修入慈、悲、喜、捨四無量心三昧。慈是與樂之義，若行者在禪定中，觀想令眾生得樂，名爲慈心觀。

在經典中記載，有比丘因爲修慈相應心，而獲得無瞋、無恨、無怨、無惱，廣大無量的境界。修持慈心觀時，首先應心念十方眾生，要使其得快樂，此時心中所生之念，稱之爲慈。

在南傳佛教的《清淨道論》〈說神變品〉中，曾記載著修持慈心觀而示現神變的故事。

有一位郁多羅優婆夷，她是富蘭那迦長者的女兒，而另一位尸利摩妓女，由於某種因素而對她起了嫉妒心，有一天，就用一鍋煮開滾燙的油潑灑到她的頭上。郁多羅即在那一剎那入慈心定，那熱油竟然如同水滴自蓮葉上滾落下去一樣，郁多羅毫髮無傷。這是入於慈心三昧所產生的神變。

又有一位，另一位修持慈心三昧生起神通的，則是優塡王的王后差摩婆帝。當時有一位摩健提婆羅門欲謀以自己的女兒為王后，就設想了一個毒計，將毒蛇放於琵琶中，假王后之名，敬奉國王。然後再對國王說：「大王呀！差摩婆帝要謀殺殿下，將毒蛇藏於琵琶中」。

王見到毒蛇大怒的說道：「我要殺了差摩婆帝！」就拿了弓及浸了毒的箭，打算前去殺害王后。

差摩婆帝看到憤怒的國王前來，就和她的五百侍女，一起對國王修慈心三昧。國王被慈心的光明照耀著，一動也不能動，更別說是拿起武器來傷害王后了。王后於是慈和的說：「大王，你疲倦了嗎？」

「是的，我疲倦了。」

「那麼放下你的弓箭吧！」

於是箭即落於國王的足下。

王后就對國王說：「大王，請勿傷害無惡之人！」

慈心觀如何修持呢？我們可以依照以下的次第來修學：

首先我們一心喜悅，觀自心喜樂無比，而且願將自己所受用的快樂，全數給與他人。

1.首先我們在禪坐中，讓身心完全放鬆、觀想自己很喜樂。

2.觀想自己最喜愛的人在面前，看見他非常喜樂。

3.當我們看見自己所愛的人快樂，自己感到更加快樂，這種快樂的力量是相加相乘的。

4.觀想最親愛的人很快樂之後，再觀想中親、下親的人都很快樂。

5.接著，我們觀想一般人也很喜樂，連陌生人也很快樂。

6.除了人類之外，我們觀想六道眾生也很快樂。

7.當我們心量漸漸擴大之後，接著觀想自己的仇人也很快樂。

8.接著，我們要轉增喜樂的力量，從觀察一個人很快樂，到一群人很快樂。

9.除了身邊一群人之外，我們要接著觀想整個台北人都很快樂。

10.觀想全台灣的人都很快樂，乃至全亞洲的人都很快樂。

11.觀想地球人很快樂，乃至全太陽系的生命都很喜樂，整個宇宙、法界都很喜樂。

12.然後，自己隨時隨地都安住在喜樂之中，遍滿光明。

此時，我們了悟現前一切都是空性的，同時了悟一切都無執著，如此一來則不會落入時間的斷見之中；所以在這個階段我們要清楚地了悟現空的境界，再來繼續練習下一個階段。

我們練習過去的念頭、未來的念頭都是快樂的，發覺到每個念頭的大樂受用都是平等的。再來練習前二念頭與後二念頭，前三念頭與後三念頭。繼續增加時間的寬度，前一世後一世，過去、未來，十世、百世、千世、萬世、無窮世，在無窮的時間，四海遍滿了平等的廣大喜樂。

我們的念頭相攝不斷，現在開始攝入前世、後世的練習，所以現在攝入三世；過去也攝三世，過去攝過去的過去、過去的現在、過去的未來，所以過去也攝三世；未來是否也同樣攝三世？未來攝未來的未來、未來的現在、未來的過去。以上總共是九世，在九世中一個心念生起，所以名爲十世，也就是經典中所記載的「十世齊觀」，這是《華嚴經》中很重要的修行方法，我們也以將其融攝在慈心三昧的修法。現前相融前後相攝，三世相攝，十世於一念之中圓滿，是不可思議的神變境界。

如幻三昧

如幻三昧，是一切菩薩三昧的根本，也是諸佛、菩薩示現無邊妙身救度一切眾生的緣起。

如幻三昧是以三三昧——空、無相、無願三昧爲根本，菩薩行者修學三三昧，而不證入涅槃，顯現無邊廣大的救濟事業，是如幻三昧現起的因緣。

因此，在《大寶積經》卷一百五〈善住意天子會〉〈神通證說品〉中，善住意天子請問如幻三昧的境界，文殊師利菩薩即爲他示現了如幻三昧：

「時，文殊師利如言即入如幻三昧，應時十方如恒沙等諸佛國土一切境界，自然現前。」

文殊菩薩入於如幻三昧的廣大威力，自然顯示一切諸佛國土微妙眾事。另外龍樹菩薩在《大智度論》卷五十中更以生動的比喻來說明如幻三昧的境界：

「入如幻三昧者，如幻人一處住，所作幻事，遍滿世界，所謂四種兵眾，宮殿城郭，飲食歌舞，殺活憂苦等。菩薩亦如是，住是三昧中，能於十方世界變化，遍滿其中：先行布施等充滿眾生；次說法教化，破壞三惡道，然後安立眾生於三乘一切所可利益之事，無不成就。是菩薩心不動，亦不取心相。」

文中說，入於如幻三昧者，就如同幻人在一處安住，所作幻化之事，卻能遍滿世界，變化出種種宮殿、飲食、歌舞，甚至也有生死、憂苦。菩薩住於如幻三昧，也是如此，安住在其中，能在十方世界變化，行佈施、說法等等，安立眾生圓滿成就。然而菩薩心不動，也不取心相。

而此如幻三昧的現起，是菩薩在八地中順入眾生心，順觀一切眾生心之所趣，而發起大悲之後的成就。因爲菩薩若住於七地，不著我等二十種法見，盡行十八空而成具足空，一切無可得，欲取涅槃。這時，因自具大悲種種因緣及十方諸佛擁護，所以還生度一切眾生心，生起如幻三昧，示現不可思議境界。但因根本體性無著的緣故，所以心自不動，亦不取任何心相；因此，如是救度一切眾生，實無一眾生得度者。

菩薩常入如幻三昧，安住大悲，現觀一切眾生、法界如幻，而能予以無邊的救度。這時，由於如幻堅固如實，所以引生報生三昧，現起無邊身廣度眾生；這時，眾生應以何身得度者，則現何身而爲說法，如同觀世音菩薩一般隨處應現。

在《法華經》觀世音菩薩普門品中，舉出觀世音菩薩有三十三種應化身，就是如幻三昧的廣大境界。即觀世音菩薩爲攝化普遍利益眾生而示現三昧中之三十三種化身，爲：1.佛身，2.辟支佛身，3.聲聞身，4.梵王身，5.帝釋身，6.自在天身，7.大自在天身，8.天大將軍身，9.毘沙門天身，10.小王身，11.長者身，12.居士身，13.宰官身，14.婆羅門身，15.比丘身，16.比丘尼身，17.優婆塞身，18.優婆夷身，19.長者婦女身，20.居士婦女身，21.宰官婦女身，22.婆羅門婦女身，23.童男身，24.童女身，25.天身，26.龍身，27.夜叉身，28.乾闥婆身，29.阿修羅身，30.迦樓羅身，31.緊那羅身，32.摩睺羅伽身，33.執金剛身。

在《佛說救面然餓鬼陀羅尼神咒經》中，也記載觀世音菩薩在鬼道化現爲鬼王的故事。

夜晚的山林，冷風陣陣吹得樹葉沙沙作響，透著詭異的氣氛。這時，阿難尊者正在林間打坐入定，忽然看到一位餓鬼，他自稱爲燄口，身形醜惡，爪甲長利，腹鼓大如山，喉細如針，臉上噴著火焰。阿難一見到餓鬼的形態，非常驚怖，也感到很同情，於是請問他爲什麼會變成這樣。

餓鬼回答阿難：「這是因爲我生前慳吝，貪心不捨，所以死後墮入餓鬼道中，變成這種身形，並且長年受餓，備受諸苦。」

餓鬼又告訴阿難：「三天後，你也會命盡，墮入餓鬼道中。」

阿難聽了更加恐怖，就問餓鬼有何方法得以解脫，燄口餓鬼告訴阿難說：「只要你能施食予無量餓鬼、神仙，並能爲我供養三寶，如此就能增壽消災，並能令餓鬼離苦生天。」阿難聽了之後，內心惶恐不安，就到佛陀尊前請求開示救度方法，佛陀於是爲阿難及大眾說燄口及施食法門。這就是瑜伽燄口流傳的因緣。

佛陀接著告訴阿難，這位燄口餓鬼是觀世音菩薩化現的，爲了救度餓鬼，特地示現鬼王身，使阿難祈請佛陀宣說燄口施食法門，以利益餓鬼眾生。

除此之外，觀世音菩薩也曾化現爲蟲類，應化有情：

觀自在菩薩摩訶薩有一次前往波羅奈大城穢惡之處，彼處有無數百千萬種蟲蛆之類，在其居住。觀自在菩薩爲了救度這些有情，就化現成蜂形，鑽入蛆蟲的口中，發出聲說：「曩謨沒馱野（南無佛）！」這些蟲類聽見自己口中發奇怪的聲音，就隨著所聽聞的聲音而皆稱念：「曩謨沒馱野！」因爲這稱念福德音力的緣故，這此蛆蟲得以往生極樂世界，皆生爲菩薩，共同名爲妙香口菩薩。

這是觀世音菩薩以廣大神變，於各種生命界示現救度眾生的事蹟。

在《大智度論》中，接續如幻三昧說明道：

「菩薩得如幻等三昧，所役心能有所作；今轉身得報生三昧，如人見色，不用心力。住是三昧中，度眾生安隱，勝於如幻三昧，自然成事，無所役用。如人求財，有役力得者，有自然得者。隨眾生所應善根受身者，菩薩得二種三昧，二種神通，行得、報得；知以何身，以何語，以何因緣，以何事，以何道，以何方便而爲受身，乃至受畜生身而化度之。」

依此而言，報生三昧可說是如幻三昧的任運果位作用，而如幻三昧尙待起心用觀，有所持作。爲修習起用的如幻三昧，一爲成證任運的如幻三昧，本質都是大悲如幻起用，並無不同。

如幻三昧的根本是如幻現空的實相，但以無大悲來發起。是悲智相攝的廣大三昧，所以在此立名爲大悲如幻三昧，以彰顯龍樹菩薩「般若是諸佛之母，大悲是諸佛祖母」的深義；也使修習如幻三昧的行者莫失大悲。在修學的過程中，更能體悟悲空相益的妙用。這就是所謂「空愈大，悲愈大；悲愈大，空愈大」如幻、大悲二者交相證成的大用，這也是菩薩能成就廣大神變妙用的因緣。

圓覺經二十五輪三昧

《圓覺經》總名爲《大方廣圓覺修羅了義經》。古來將此經略爲《圓覺修多羅了義經》或《圓覺經》。

對如幻的深刻了解，是整個《圓覺經》很大的一個入徑。它的修行本無漸次，但因眾生的緣故，而開展出一些修行漸次，所以最後開展出三個修持法來統合，一是奢摩他（止），二是三摩缽提（觀），三是禪那。

圓覺經二十五輪的修持次第，是從身，再到心，再到塵。先觀察身是四大和合而成，是空的，身既是空的，對身的執著就消失了，幻身也就滅了。然後，心的造作也是幻的，幻身滅故，幻心亦滅，所以外界的色、聲、香、味、觸、法六塵亦滅。身、心、塵都消滅了之後，所有幻滅全都消滅，只有「非幻不滅」，也就是不屬於生滅變化的非幻境界不滅。就像磨鏡，垢盡光生，而產生覺悟的現象。所以說身心都是幻垢，「垢相永滅，十方清淨」。他就是體悟眞理，把身、心、塵的妄境全部消失、化除之，這是奢摩他行。

我們把垢相全部遠離了，諸幻的境界全部消滅了，就證入「無方清淨」的境界。一切沒有方所，沒有固定的方位，沒有固定的次第，一切都是現前清淨，無邊的虛空覺性。在此境界中，是如來的止，是絕對圓滿的。如果說到修持則有漸次，是由身、心到塵全部的清淨，清淨完整後，光明就顯現，有如大圓鏡一樣，遍滿十方世界。

有覺悟圓明之後，顯示出心的完全清淨，就像燈一開，心一照就亮了。心清淨的緣故，外界眼根所見的塵也清淨。見的力量清淨，所以眼根也清淨，眼根清淨故眼識也清淨，眼識清淨。化清淨故，耳斷聞塵也清淨，聞清淨故耳根清淨，耳根清淨故耳識清淨，耳識清淨故，覺塵清淨，如是乃至鼻、舌、身、意，亦復如是。六根清淨之後，就會開發出不可思議的神通境界，而天眼通、天耳通、他心通、宿命通、神足通，乃至漏盡通等都能具足。

《圓覺經》以三大修行法：奢摩他、三摩缽提和禪那來貫穿一切禪法。

1. 奢摩他

奢摩他的定義，前面已說是體眞止的意義。在此經中又說，若菩薩悟入圓覺，用清淨圓覺的心取靜爲行，因澄清所有妄念的緣故，這時覺察到意識的煩動。因了悟靜心之後，一切都放下了，一切都是無我、現空，所以能意識到煩動，這時，清淨的智慧就發生了。「靜慧發生，身心客塵從此永滅」，這時候由內產生寂靜的輕安。「由寂靜故，十方世界諸如來心，於中顯現，如鏡中像」，用淨覺的心、見地來修止、修奢摩他，澄清內心的諸念，慢慢的自然而然靜慧發生，身心客塵從此永滅。十方世界諸如來的心於中顯現，如鏡中像，此方便的修持法名爲奢摩他。

而淨覺心就是遠離一切幻、遠離一切輪迴染著，而一切平等、一切無差別的清淨覺心，在行住坐臥當中，以靜爲行，心中不起妄想，以此方式來修習止法，這時，我們面對外境及四面八方的煩動，愈來愈清楚、了知，心愈來愈寂靜、清淨，此時清淨的智慧產生。在行住坐臥當中保持清淨，「取靜而行」不是說一有妄念生起就把它壓止，而是完全確知這一切無可執，而自然寂靜，這就是行住坐臥清淨，以淨覺心，取靜爲行。

2. 三摩缽提

經中說：「若諸菩薩悟淨圓覺以淨覺心，知覺心性，及與根塵，皆因幻化，即起諸幻，以除幻者，變化諸幻而開幻眾，由起幻故，便能內發大悲輕安，一切菩薩從此起行，漸次增進，觀幻者，非同幻故，非同幻觀，皆是幻故，幻相永離，是諸菩薩所圓妙行，如土長苗，此方便者名三摩缽提。」

三摩缽提是觀，和奢摩他一樣，都是要具足悟淨圓覺與淨覺心，以見地為先，有了這個見地才能修這個圓覺。「以淨覺心，知覺心性及與根塵，皆因幻化」，了悟我們的六根、六塵皆是幻化而起，這時諸幻馬上生起時，馬上看到一切現象皆是幻化，因此，「變幻諸幻而開幻眾」：變化一切諸幻來開示、開示幻化大眾，這就是菩薩行。「由幻起故，便能內發大悲輕安」。奢摩他是寂靜輕安，從體上下手，這裏是大悲輕安，是大悲如幻三昧。三摩缽提是等持，所有昏沈、掉舉動亂、浮沈全不入，而顯一切平等的境界。

以淨覺心來知覺這些心性客塵都是幻化，知道幻化，以幻除幻，以如幻的大悲不斷的行菩薩行，就是三摩缽提。

3. 禪那

第三個是禪那。

以淨覺心，不取幻化及諸靜相，了知身心皆爲罣礙，無知覺明，不依諸礙，永得超過礙、無礙境，受用世界及與身心，相在塵域，如器中鍠，聲出於外，煩惱涅槃不相留礙，便能內發寂滅輕安，妙覺隨順寂滅界，自他身心所不能及，眾生壽命皆爲浮想，此方便者名爲禪那。

禪那是不取幻化及諸靜相，直接了解身心都是罣礙，馬上超過障礙和無礙的境界，受用這個世界和身心，「宛如器中鍠，聲出於外。」好像敲鐘一般，聲音上可以傳聲到外面。「煩惱涅槃不相留礙」，這時內發寂滅輕安，直接證入如來的妙覺境界。不偏於奢摩他的靜，也不偏於三摩鉢提的幻化妙行，而是直接徹見本相，了知身心都是罣礙，所上棄絕一切內外諸境，所有的眾生壽命、境界都棄絕，直接與妙覺性相合，此爲禪那。

將禪那、三摩鉢提和奢摩他三者相互組合就構成了《圓覺經》的二十五種清淨定。這二十五種修法，依圓覺的立場，總攝了一切菩薩禪法，具有極爲究竟的因緣。

二十五輪三昧無論怎麼樣化，是以悟淨圓覺爲基礎，以淨覺心來修習的。所以最重要的是要依止「悟淨圓覺」，以「知幻即離，離幻即覺。」的見地，圓成無上的佛道。

首楞嚴三昧

首楞嚴三昧（梵語 suramgama-samādhi），又稱作首楞嚴三摩地、首楞伽摩三摩提、首楞嚴定。意譯爲：健相三昧、健行定、勇健定、勇伏定、大根本定、堅固攝持諸法之三昧。經中說，遊戲首楞嚴三昧的菩薩，能出生廣大神變，於一坐處，能震動十方一切世界，能於自身出現一切眾生……等，不一而足。

此三昧爲百八三昧之一，是諸佛及十地之菩薩才能證得的禪定。在《大智度論》卷四十七中說：「首楞嚴三昧者，秦言健相。分別知諸三昧行相多少深淺，如大將知諸兵力多少。復次，菩薩得是三昧，諸煩惱魔及魔人無能壞者，譬如轉輪聖王主兵寶將，所往至處，無不降伏。」

菩薩得此三昧，則諸煩惱及惡魔皆不得破壞之，並且恰如大將率領兵眾，一切三昧悉皆隨從。

根據《首楞嚴三昧經》卷上記載，首楞嚴三昧非初地乃至九地的菩薩所能得，只有十地的菩薩能得此三昧。所謂首楞嚴三昧，就是修治心猶如虛空、觀察現在眾生的諸心、分別眾生諸根利鈍、決定了知眾生之因果等一百項。

此三昧不以一事一緣一義可知，一切禪定解脫三昧，神通如意無礙智慧，皆攝在首楞嚴中，譬如陂泉江河諸流皆入大海。所以菩薩所有禪定都在首楞嚴三昧，所有三昧門、禪定門、辯才門、解脫門、陀羅尼門、神通門、明解脫門等諸法門悉皆攝在首楞嚴三昧。

《南本涅槃經》卷二十五中，則說，佛性即首楞嚴三昧，此首楞嚴三昧有五種名：㈠首楞嚴三昧，㈡般若波羅蜜，㈢金剛三昧，㈣師子吼三昧，㈤佛性。首楞，意指一切畢竟；嚴，意即堅。一切畢竟而得堅固名首楞嚴，所以稱首楞嚴定爲佛性。

首楞嚴三昧有降伏魔王的威力。在《佛說首楞嚴三昧經》卷一中描寫：當佛陀在宣說首楞嚴三昧經時，舍利弗很奇怪的問如來：「奇怪，如來現今宣說首楞嚴三昧，惡魔卻沒有來擾亂。」

佛陀問舍利弗：「你想不想看見惡魔煩惱困擾的樣子呢？」舍利弗回答願意，於是世尊就從眉間放光，法會中的大眾都看見惡魔被綁著，無法自行解開。

舍利弗好奇的問：「惡魔是被誰所綁著呢？」

如來回答：「這是首楞嚴三昧的威神力，當惡魔一發心要阻擾如來說法，由於首楞嚴三昧威力故，自動會被捆綁繫縛。」

在《大乘悲分陀利經》卷三中，菩薩以首楞嚴三昧的威力，入於地獄中，爲地獄眾生說法，乃至畜生、餓鬼等諸道眾生，皆能隨眾生受生之處，於中化現而爲其說法，使其得證無上正等正覺：「世尊！我以首楞嚴三昧入地獄中，化作其身而爲說法。勸以菩提令彼發心，於中命終得生爲人，值現在世說法諸佛，令彼眾生從佛聞法得不退轉地。如是畜生、餓鬼、夜叉、羅刹、阿修羅、龍、緊那羅、摩睺羅伽中及與天上……如是世尊！隨眾生處而受其形，順彼眾生業行因緣受若干苦樂，若有種種工巧伎術，隨類而入現說所行，巧言方便得眾生心，然後誨之正法，勸以阿耨多羅三藐三菩提，令住不退轉無上正遍知。」

在《度諸佛境界智光嚴經》卷一中說：「遊戲首楞嚴三昧的菩薩，能出生廣大神變，能於一毛孔示現一切世界，成就過去、現在、未來諸佛清淨的住處，並能以智慧相應，於一坐處，能震動十方一切世界，於一佛土，卻普遍能莊嚴十方諸佛世界，能於自身出現一切眾生，於一佛身上，能示現多如來，而於多佛身，能現一佛身。能使自身現十方世界。

經中說：此諸菩薩，安住不可思議解脫定，遊戲首楞嚴三昧，……此諸菩薩，以智慧相應，於一坐處，能動十方一切世界，於一佛土，遍能莊嚴諸佛世界，曉了莊嚴一佛世界，能現一切諸佛世界，於十方世界諸如來眾，能現一如來眾，於一如來眾，能現十方諸如來眾，曉了說法無中無邊，能於自身，現一切眾生，於一佛身，能現多佛，於多佛身，能現一佛。能令自身現十方世界。

在《寶星陀羅尼經》卷四中，也記載如來入於首楞嚴三昧所示現的廣大神變：「爾時世尊憐愍一切諸眾生故，便入首楞嚴三昧，其心正受，以如所入定，在道徐行，即現種種微妙色身，威儀相好光明希有，於其城內道中正立令彼道士一切眾生悉見佛身。」

經中又說，如果有事奉梵天，應以梵身得度者，世尊即示現梵身而化度之，應以轉輪王身、男身、女身、童子身，乃至六道中應以何者身得度者，都會看見如來示現何身而度化之。

這是得證首楞嚴三昧所獲致的廣大神通三昧。

第六章 神通的戒律

學習神通的正確心態

就佛法的立場而言，神通並非究竟之道，是無常變化，不可依恃的。但是一般人還是迷惑於此，所以神通也成爲一種度眾的方便。此外，如果是一個發菩是心的行者，發願利益一切眾生，如果具足神通力，則力量更充足。如《大智度論》卷二十五中就說明菩薩學習神通的重要性：「菩薩摩訶薩行般若波羅蜜時，住神通波羅蜜中，爲眾生作利益。

須菩薩！菩薩若遠離神通，不能隨眾生意善說法，以是故，須菩提！菩薩摩訶薩行般若波羅蜜時，應起神通。

須菩薩！譬如鳥無翅不能高翔，菩薩無神通，不能隨意教化眾生。是故，須菩提！菩薩摩訶薩行般若波羅蜜，應起諸神通，起諸神通已，若欲饒益眾生隨意能益。」這是說，菩薩爲了利益一切眾生，應起神通。

⊙佛法面對鬼神的態度

一般人面對神通這種奇異的能力時，心中經常會生起崇拜之感，而盲目的仰信。例如，許多人對預知事情的能力，或是看到鬼神的人，都崇拜不已。其實，關於這種感應能力，越原始的民族感應能力越強，例如非洲的原住民，馬來西亞的巫師，都是有特別的感應能力。此外，像狗等動物也能感應到鬼神的存在，但卻很少有人會崇拜狗。

佛陀住世時，當時印度宗教已經有許多信仰的神祇，佛陀的態度是尊重其存在，但卻不會去尊崇、皈信。在戒律中，甚至有出家眾不准奉事供養天神的戒律。如《根本薩婆多律部攝》卷十中說：「若至天神祠廟之處，誦佛伽他，彈指而進，苾芻不應供養天神。」

《根本說一切有部尼陀那》中說：不應該敬事天神，但也不應該毀壞神像。佛教不否認這些神鬼的存在，但卻不像一般人一樣崇拜，反而認爲這些神鬼都在生死流轉中，是可憐憫的，應該接受佛陀的教化，趣向解脫。

在經典中常有天上的梵王來人間請佛陀說法，而佛陀初成道時，也有四大天王奉鉢的記載。在許多法會中，聞法的天人和許多大眾一樣，都悟入解脫。這是佛教對鬼神的態度，在面對印度固有宗教的態度上，則是在平等相互尊重的基礎上，溫和的改革。

在佛教常見的天龍八部的守護神之中，有些是有善心，尊敬佛法的。有些是暴惡的，如以人爲犧牲祭祀之用等，所以經中常可見降伏惡夜叉、降伏毒龍的記載。這些眾生大多成爲佛教的護法神，至少也不會來障礙佛法。在《雜阿含經》的〈八眾誦〉中，諸天每每於夜晚來請見佛陀或比丘，有的禮拜，有的讚歎，也有的是爲了問法而來。如《長部》的《阿吒曩胝經》中記載，毘沙門天王說：四大天王及其統屬的鬼神，都願意護持佛的四眾弟子，發願護持佛法。

佛弟子並不尊崇、皈傳，或是有求於天神，反而要幫助他們解脫，這是初期佛教對鬼神的立場。

相反的，佛教認爲，人類是最光明的，只有人間是最適合成佛的，鬼神界的生命因緣並不易解脫。所以《阿含經》中說：「諸佛皆出人間，從不在天上成佛。」在經典裡面，許多偉大的阿羅漢、菩薩，都到他方世界教導鬼神。經中並記載：許多鬼神天王、藥叉王、龍王等，爲了表示對佛陀的崇仰，曾跪在地上，懇請佛陀從其背上走上經壇。我們了解佛教的基本態度，再來觀察鬼神的神通，就不會盲目的仰信。

然而，現代許多人對鬼神及其靈神卻是盲目崇仰，或是希望鬼神來附身，卻不知道，在被附身之後，大多是身體無法自主，意識無法控制。我們自己的身體，自己會好好的愛護，但是讓鬼神附身，就如同把車子借給完全不認識的人，別人一點都不會珍惜。有時我們看到被附身者皮銷骨現，或是在地上爬來滾去、嘔吐，這時我們不僅要思惟：人的尊嚴到底在哪裏呢？當我們面對具有神秘不可知的力量者時，難道就失去了理智的判斷，而放棄了生命的尊嚴嗎？

佛教面對鬼神的態度，提供一盞明燈，能做爲我們面對鬼神神通的正確依止。

◎佛陀示現神通的考量

無上的大覺者佛陀，具有不可思議的神通變化力，但他卻不輕易示現神通，除非是爲了度化眾生。即使在必要示現神通時，佛陀的思慮也是非常周密的，在示現的程度、方法上也都恰如其分，能使各類眾生都得到最大的利益。

例如在《根本說一切有部毘奈耶雜事》卷二十九中，就記載佛陀從三十三天下降人間時，在示現神變前所作的考量。

當時帝釋天請問佛陀：「世尊！現在要回到人間，您是要以神通力回去呢？還是以步行的方式？」

「步行即可。」佛陀回答。

於是帝釋天就命巧匠天子，化作黃金、琉璃、眞珠三道寶階，世尊居中走瑠璃道，大梵天王在佛的右邊，手執白拂，以色界諸天爲侍從，帝釋天在佛的左邊，手執百支傘蓋，值千兩金而覆蓋世尊，以欲界諸天爲侍從。

這時，佛陀心想：「我如果以步行回人間，恐怕外道會議論紛紛的說：『佛陀以神通力往三十三天，見到天人微妙的色身、五欲快樂，心生愛著，失去神通，所以才會以步行而還。』但是，如果以神足通回人間，那麼會使天匠疲於奔命。

現在我應該半以神通，半爲步行，回到人間。」於是世尊循著寶階而下。

這時，人間的氣味，往天上直薰，如同屍臭一般，一切天人幾乎窒息，無法呼吸了。於是世尊就化現牛頭旃檀香林，香氣芬馥，聞者無不歡喜。

佛陀心中又想：「如果人間的男子見到天上天女，女人見到天男，必定情生愛染，由於婬欲心極爲熾盛的緣故，會毆出熱血，悶絕命終。現在應該以神通力使人間男子見天男，女子觀天女，使其不會因爲染愛擾亂其心。」於是在場的大眾，果然男子只能看見天男，女人只能看見天女。

從佛陀示現神通的考量中，我們可以知道，觀察因緣時節，恰當的運用神

佛陀從忉利天說法回到人間時，示現不可思議的神通
(Burma. Early 19century 圖出《Buddhism Art and Faith》)

通，也需要甚深的悲心和智慧，才能爲眾生創造最大的利益。

⊙為了利益眾生及創造光明的世間而學習神通

而神通者的神通境界廣大與否，與其發心有極大的關係。如果以大地比喻發心，那麼，發心救度一切眾生的人，他的心地廣大，就如同整個大地；發心小的人，只求自身解脫心地狹小，就如同花盆中的泥土。同樣的一棵樹木的種子在大地中，只要因緣條件適宜，就能欣欣向榮，長得極爲高大，供後人乘涼，而在小盆子中的盆景，不管用功多大、耗時多久，百般雕琢，還是不能長得極大。神通就像是一顆種子，發心大的人，只要條件適宜，就有很大的進展；發心小的人，進步到一定程度之後，進展就較慢了。所以發心的大小與神通的境界有極大的關聯。

如果一個人學習神通，不只是爲了個人，而是爲了整個廣大的生命界，那麼，他在心靈上比較不會計較個人得失，這種心態對通通的修學較有助益。尤其是以禪定所發起的神通，在禪定中，心靈的變化會隨著禪定的深入而愈來愈微妙、敏銳，因此受到觀念的影響也會愈來愈深。正確的心理，能使人心胸坦蕩，與禪定相應，而禪定的境界越深，神通的境界也更廣大。

如果能以利益廣大的眾生及造福世界的心理來學習神通，也就是發起菩提心來學習神通，如此所學及所修習的神通，稱爲「神通波羅蜜」，是能以神通度化眾生列彼岸之意。

發起菩提心的人，有四個共通的願望，一般稱爲四弘誓願，其內容爲：

一、未度者令度，就是「眾生無邊誓願度」。

二、未解者令解，就是「煩惱無盡誓願斷」。

三、未學者令學，就是「法門無量誓願學」。

四、未得涅槃者令得涅槃，就是「佛道無上誓願成」。

簡單地說，菩薩就是希望能夠學習無量的方便，用來利益一切的生命，不僅使所有的生命能夠達到究竟安穩，也使自、他一切生命圓滿成佛，而外在的世界也能夠光明清淨，成爲淨土。一個人如果能夠爲了利益眾生及創造光明的世界來學習神通，那麼他的心靈將有無邊的清涼、安靜，前途充滿光明，一切善緣聚會也將幫助他學習，成就廣大圓滿的神通。

⊙以無所得的智慧來學習神通

以利益一切眾生的大悲心來學習神通之後，還要具足無所得的智慧。《般若經》上說：「一切智智相應作意，大悲爲上首，無所得爲方便。」這句話如果應用在神通的修習上，是極爲恰當的。學習神通的人以智作意，以悲爲導，悲智雙運，而在學習過程中能觀諸法甚深空寂，實無所得，這樣才能眞實得證究竟。

爲什麼說「無所得」呢？這可以從下列幾個方向來說明：

一、神通者了知諸法空寂，一切都是緣起條件所成就的，並沒有眞實的實體與自他，但是爲了利益眾生的緣故，所以依著善巧方便，發心廣度一切眾生，示現神通，這是「應無所住，而生其心」。

二、神通者雖然幫助眾生成就，但因爲知道諸法空寂的緣故，心無所得，就如同《金剛經》所說的：「如是滅度一切眾生，而實無眾生得滅度者」。

三、神通的現象千變萬化，此時，神通者觀照諸法實相，但見一切空寂，都無所得。即《金剛經》所說的「見一切諸相非相」，如此，就能超越種種神通境界，而達圓滿無相的境地。

神通的境界，十分吸引人，但如耽溺於其中的境界，便很容易進入險惡的陷阱中，無法解脫。

因此在面對一切境界的時候，如果能夠清楚地觀照了別，並且保持心中不動，就不會受到影響。如果能了悟一切皆無所得，就不會落入任何境界之中，而自然地繼續向前，達到勝妙究竟之地；相反的，如果被神通境界所迷惑、執著。如此不但悖離修滿要，也會使自己的生命入於歧途。

⊙神通必須具足定力

神通者除了要具足智慧之外，還要有定力、佛教的神通，大多由禪定轉修，具足初禪以上的定力，而且可以自主、自在。然而，現在有許多人，僅僅具足一般些微感應，算不上神通者，由於缺促定力，所以，一來對所感應到的內容，就像不穩定的接收器在收訊，所顯現出來的畫面不但雜訊很多，也極不穩定，有時甚至還會斷訊，而這些感應者無法分辨，也不了解所看到的現象緣起，於是拼拼湊湊，將凌亂的畫面剪接起來，再用個人極為貧乏的知識內容加以解說，而成了荒謬不堪的「三世因果」。

其實，我們可以發現，許多自稱能看到世世因果者，所看到的前世與來生不外乎狗、牛、羊等幾種常見的動物，種類非常貧乏，既沒有遠古時代的恐龍，也沒有外國的動物。由此可以看出這些人在知識上非常狹隘，如此所看到的現象及解讀必然受限於此。

此外，定力除了能使我們穩定的接收訊息之外，當我們以宿命通觀察到往世的經驗，或是以天眼通看到未來可能會發生的事情時，只有具足定力才能使我們安住不動。例如我們如果觀察到未來地球上的某一場浩劫，如核爆或「彗星撞地球」，那種身歷其境的強大震撼，如果沒有定力是承受不了的。

或是我們以宿命通觀察過去的因緣，當我們看到過去自己所造下的惡業，或是邪惡的心念時，經常會無法接受而容易走火入魔。因此，神通者除了要具足空性的智慧了知一切空性如幻之外，還要有定力，才能安住不動。

修學神通的心態與戒律

⊙不應為個人私欲而學習神通

在神通者的戒律上，有一個極為重要的原則，就是不能因爲個人的私欲而求取神通。

在經典中最常被提出來討論的例子，就是提婆達多爲學習神通的例子。當初提婆達多求佛陀教他求取神通之法，但是佛陀知道提婆達多時常心生邪曲，就對他說：「你可先清淨持戒，勤修定力與智慧，如此才可學習神通。」

提婆達多看到佛陀不願爲其說神通之法，就去找憍陳如比丘。憍陳如比丘以神通觀察，知道佛陀因爲提婆達多常生惡念，如果具足神通，恐怕會有不好的影響，於是就對他說：「你於色相如理觀察，不但可以獲得神通，還可以得到殊勝的利益，於受、想、行、識也是如此。」

提婆達多碰了軟釘子，還是不死心，又去找馬勝比丘等五百位上座，請其教授神通之法，但是這些上座比丘都觀察到佛陀及其餘比丘不為其說求取神通的因緣，而不願教授其神通。

後來提婆達多到他的弟弟阿難處，哭哭啼啼的請求阿難教他神通，也有說是十力迦攝波教他的。

由於阿難尚未具足神通，不知道佛陀和其他長老不願教提婆達多神通的理由，加上提婆達多又是自己的親哥哥，就教他學習神通的方法。

提婆達多資質聰穎，在當天夜裏入於初禪的定境，即發起神通，轉一為多，轉多為一，或是顯現或是隱形，對各種山石、岩壁障身之處皆能通過無礙，入地中如進水中，履水如履平地，示現種種神變。

但是由於提婆達多的名利薰心，學得神通之後，就處心積慮如何奪得權勢，後來他觀察頻婆娑羅王的太子阿闍世王，可以幫他達成目的，於是就去拜見阿闍世王，並示現種種神通變化，阿闍世王被提婆達多的種種神通迷惑了，心想提婆達多的神通應該趨過佛陀，於是轉而擁護提婆達多。

在《鼻奈耶》（卷五）中記載，阿闍世每日命人送給提婆達多衣被、飯食、床、醫藥等物資，而且每天送五百釜飯去供養他的新僧團。使提婆達多在獲得大量物資之外，在社會上的聲譽也迅速提昇。加上當時發生饑饉，釋尊僧團的弟子們出門托鉢，往往一食難求，然而提婆達多團體則物資寬裕。一時之間，提婆達多團體的聲勢似乎超過了原來的佛教僧團，而有些識見不清的佛弟子，也受到提婆達多的誘惑，為了豐厚的物資而投奔他。由於阿闍世的護持，其大臣將帥也信仰提婆達多，王舍城的百姓也有不少原來信仰佛陀的人改信提婆達多。

在《法句譬喻經》卷三中記載，在阿闍世對提婆達多最為信服的時候，甚至於還下令「國人不得奉佛，眾僧分衛（托鉢）不得施與」。而使得釋尊的弟子托鉢時經常空鉢而回，只好紛紛出走他國。

最嚴重的是，提婆達多曾與阿闍世訂立協定，一個是要在殺害釋尊之後自立為新佛，一個是殺父王之後自立為摩揭陀國的新王，這使得提婆達多造下極大的惡業，於臨終前就落入地獄。

提婆達多的心有邪曲，因而學得神通之後，以之做為謀奪權勢的工具，終於使自己走上不歸路，是所有想學習神通及擁有神通者應引以為鑑的。

⊙不以神通觀察他人的過錯及穩私

在關於神通的戒律中，有一則特別的戒律，在《薩婆多毘尼毘婆沙》卷三中說：「眼根者，必使清淨無病，見事審諦，可依可傳，唯聽肉眼，不聽天眼。以有天眼不說人惡。」

經中說，有天眼者，不應以天眼所觀察之事，來說別人的過錯。為什麼呢？經中說：「復次若聽天眼說過者，人誰無過？但有大小天眼，無往不見，若聽說過者，則妨亂事多。」因為如果以天眼來觀察他人的過錯，於天眼無所不見，那麼會產生很多問題。同樣的，對所聽見的事，要斷定是非，也不能以天耳為主，而要以一般的耳根為準。

由這樣的立場，我們可以了知，雖然有些人證得神通。但由於人間的因緣，是以肉眼及耳根來做為觀察與聽聞的重心。因此，當一個具有天眼、天耳通的人，在談論研討事情時，還是以肉眼、耳根為標準，而不以天眼、天耳所聞見的事情，評論他人的過錯。這也是佛法中，不壞世間緣起之義，在人間當然要應用人法來運作。

所以，以這樣的觀點看來，如果以神通力去窺探他人的過錯與隱私，是十分不道德的行爲，更是修習神通者的禁戒。當一個神通者以天眼、天耳去說人過錯，不只無法禁絕過錯，反而引發無窮的八卦、煩惱、混亂，也是對生命根本權利的嚴重侵犯與傷害。

⊙不為競爭而示現神通

爲了競爭而示現神通，是佛陀所不爲的。

在《根本說一切有部毘奈耶雜事》卷二十六中所記載的故事，明確的表達了佛陀的態度。當時勝光王欲請佛陀與六道外師較量神通，但是佛陀並未允許，而說：「我於聲聞弟子作如是說：『汝等苾芻勿於來往沙門婆羅門、長者、居士等前現神變，作上人法，汝等苾芻於善勝法應須掩護，罪惡之事發露爲先。』」

雖然勝光王再三勸請，佛陀還是如此回答。

但勝光王不懂佛陀的用意，不死心的一再勸請，於是佛陀便告訴大王，佛有五事必須作，一者使未曾發心者發起廣大菩提心，二者爲久植善根之法王子灌頂授記，三者於父所令見眞諦，四者於室羅伐現大神通，五者因佛化度眾生皆悉解脫。

於是世尊心念：「古來諸佛皆於何處示現大神通？」而見到其皆於室羅伐城示現神通，加上七日之後將會有無邊大眾雲集，將有無量眾生因此蒙受利益，因此而與勝光王訂下七日之約，示現神通。

在這段記載中，我們可以很明確看到如來的態度，並不爲比賽神通而示現神通，在平時對弟子的教誡中，也告誡弟子不可於居士面前示現神變，反而應先發露自己的過錯。

⊙不隨意示現神通

佛陀住世時，與弟子大眾居住安止於王舍城中，神通第一的目犍連經常告訴身邊的比丘大眾自己天眼見到的奇異現象：「諸位長老，有如是眾生從虛空中經過，我聽到他們身骨相互碰觸的聲音。」由於其他比丘並沒有神通，就說目犍連胡說，犯波羅夷，而跑去告訴如來。

如來卻說目犍連說的沒錯，的確如此，他並未犯波羅夷。

又有一次，目犍連對比丘們說：「我看見有眾生全身以針為毛，自於其身或出或入，受苦無量，號哭大喚。」但是那些比丘沒有天眼通，看不見地獄裏的眾生，於是就說目犍連妄語，犯波羅夷。

於是他們又去報告佛陀，佛陀便說：「我先前也曾看見目犍連所說的這個眾生，但是我卻不說，因為恐怕眾生不信，反而生起毀謗，造下罪業，於長夜中受苦。」

不久以後，有一次目犍連又告訴其餘的比丘：「我看見有眾生坐在鐵床上，鐵床出火，由使其全身燒焦，連衣缽、坐具也都燒焦了。」沒有天眼通的比丘，認為怎麼可能有人受如此的苦刑，於是議論紛紛的說：「目犍連是妄稱自己得上人法，犯波羅夷，非比丘。」而去向佛陀報告，佛陀卻說：「這個眾生我先前也曾看到，只是我不說而已。恐怕有不信的人，橫生毀謗，造下惡業，長夜受苦。」

從上面這段記載，我們可以看到，神通第一的目犍連經常以天眼觀察到人間之外的生命存有狀態，如地獄道眾生，或是虛空中的眾生，而他也常隨口告訴身邊的比丘，但這也引起一些議論與未具有神通者的質疑。

如來的神通遠遠超過目犍連，目犍連能看得到的境界，如來當然能見到，甚至連這個眾生為何會如此的因緣，都清楚明白。

如來擁有更大的神通力，處理方式卻和目犍連不同；如來「知而不說」，因為如果不是因為說法教授或特別的因緣，佛陀是不會去說出天眼、天耳所見境界的；佛陀說，這是因為：「恐人不信，其不信者長夜受苦。」許多未能見到者，難免生起毀謗，造下惡業，長夜受苦。

由此我們可以了知，佛陀面對神通所見的境界時，在宣說與不說之間，是非常審慎周密的，不會造成不利於眾生的因緣。由此我們也可以看出佛陀在運用神通的智慧，與遵守的規範與二乘聖者的不同。

雖然神通的獲得是極為如理的，但是對一般不了解的人，還是容易受到迷惑，而誤以為具有大神通者，必定是有德的修行者，甚至解脫者，因此若非必要，佛陀是不允許弟子示現神通的，尤其是在一般大眾面前，恐大眾惑於神通現象，而不求眞正的究竟解脫之道。

在《根本薩婆多部律攝》卷九中說：「若對俗人現神通者，得惡作罪，若苾芻尼對大師前，現神變者，亦得惡作。」文中明確的制定，不應於世俗之人面前示現神通。但其中也有例外的情形，就是爲了顯現聖教希有事，自說自己的德行，或是要使其所教化的有情心調伏的緣故，雖然於世俗人面前示現神通，並無罪。同文中說：「無犯者，爲顯聖教現希有事，自陳己德，或欲令彼所化有情心調伏故，雖說無罪」。

在《四分律》卷五十一中，就記載著賓頭盧示現神通，被如來所呵責的事。當時有一位長者，得到旃檀木所製成的鉢，極爲珍貴，就將此鉢懸在幾丈高之處，並宣佈若有神通者可來取此鉢。當時許多外道有神通者都前來去嘗試，皆無功而返。

賓頭盧知道這個消息，就去告訴神通第一的目犍連，並問他爲何不去取鉢？目犍連卻回答他：「我未曾在白衣面前示現神通，你也是阿羅漢，有大神力，何不自己去呢？」於是賓頭盧就連同坐著的石座，踴身空中，遶王舍城七匝，使城內人爭相走避，以爲巨石將落。

賓頭盧的神通表演，贏得滿堂采，長者也以此鉢供養給他。

但是旁觀者之中，有知慚知愧的比丘，就嫌責的說：「賓頭盧怎麼在白衣面前示現神通呢？」並前去稟報佛陀。

於是在大眾的集會時，佛陀問明賓頭盧此事屬實，就呵責他：「你所做爲是不對的，非威儀、非沙門法、非淨行、非隨順行，是不應爲。你這樣在白衣前示現神足，和婬女爲半錢在眾人面前脫衣服有何兩樣呢？你也是這樣，爲了一個弊木鉢故，在白衣前現神足。」於是佛陀就制戒：不應於白衣前現神足，也不應畜旃檀鉢。

當時許多外道聽見佛陀不准弟子在白衣前現神通的消息，非常高興，如此一來就少了許多競爭對手。而且他們知道，佛陀一旦制戒，絕不會違犯。有一群外道開始四處說自己已得神通，而且遠遠超過佛陀。他們心想，反正佛陀制戒，不准於白衣前示現神通，這樣他也無法證明自己有神通。

當時有一位長者誤信外道的話，就在王舍城的一處廣大平地上，持香、瓔珞飲食等，要供養外道婆伽婆。正當他伸手到容器中取供養之物時，手一入內部卻不得而出。

後來佛陀經過此處，長者心想取來供佛，手就能自由出入，於是他心想：「如來神通的確不可思議」，而邀請佛陀及僧眾明日前來應供。

次日清晨，佛陀便帶領千二百五十位比丘前來應供。當時佛陀舉足行動之處，有大神力，天人在虛空中，以天上曼陀羅華、旃檀末香等種種天花，敬在佛陀行跡之處，並作種種等欲供佛。

前來恭迎的長者奇怪著怎麼會有樂音出現？舉頭仰望，才發現是天人所獻，而生起稀有贊歎之心。

由此大家了解到佛陀教導弟子不可示現神通，並不是表示沒有神通，但是對神通的使用限制極為嚴格。

⊙不應於佛前現神通

當初佛陀前往忉利天宮說法，即將返回人間時，四眾弟子思慕如來，無不希望在佛陀下降人間時，能第一個見到佛陀。

尼眾中神通第一的蓮花色比丘尼，以神通力化現爲輪王，有九十九億軍眾圍遶，猶如太陽放出千道光明，又如同一朗明月出現於星河之間，蓮花色比丘尼以神通變化出這不可思議的壯盛陣容，來到世尊前。其餘大眾看見這種壯闊的氣勢，忘記了遠道而來的疲勞，心中生起的欣羨的心願，而希望能受用此快樂。

在這種氣勢的鎭懾下，大眾自然讓出一條路，讓蓮花色比丘尼所變現的輪王走到佛前。

這時大眾中有一位鄔陀夷苾芻在大眾中，就對旁人說：「這不是輪王，而是蓮花色比丘尼以神通力所變現的。」他人奇怪的問：「何以見得？」

鄔陀夷比丘回答：「你們沒發現這個軍陣瀰漫著濃郁的蓮花香，而且都呈現蓮花的顏色，由此可見是蓮花色比丘尼所變現的。」

果然這個壯大的陣容，到了佛陀面前，就變回蓮花色比丘尼原來的形貌，大眾無不譁然。

世尊安座之後，就對蓮花色比丘尼說：「你現今可去，勿當佛陀面前站立，比丘尼在佛陀面前現神通，是不合乎法理之事。」

佛陀心想：「比丘尼對佛前示現神通，有如是過，應制定比丘尼於大師前不可示現神通的戒律。」於是佛陀就對比丘大眾說：「從今以後比丘尼不應於大師前示現神通，如是作者，得越治罪。」

當時大眾看見輪王有大威勢，心生願樂，而願求生人道，或見到諸天光明可愛，皆生起願樂求往生天道。世尊發現此事，爲了使大眾發起修行解脫之心，遮卻其生於人文的欣願，就隨其機緣爲其說微妙之法。大眾中聞法之後有得、初果、二果、三果、四果阿羅漢者，或是有出家斷煩惱獲阿羅漢果，或是發聲聞菩提心者，或是犯覺菩提心者，或是發無上大菩提心者，使大眾都皈依三寶。

最後，世尊就說偈頌：

「假設作轉輪王，或是生於天上，

雖然能獲得勝定，不如得證預流果。」

由於神通並非究竟之學，但是眾生多迷惑於神異，所以，除非是特別的因緣，是不應於佛前示現神通的。世尊一向的教誨，都是教導弟子觀察身心、宇宙的實相，所以，除非特別的因緣，否則在佛前示現神通是不恰當的。

像蓮花色比丘尼這次示現神通的因緣上，佛陀覺得並不恰當，但是弟子思慕如來的心意，佛陀也能體諒，所以在處現的方法上，卻極爲溫柔。

當蓮花色比丘尼以爲自己是第一個見到佛陀而歡喜時，佛陀卻告訴她，她並非第一個見到佛陀的人，第一個見到佛陀的，是須菩提。

原來，當大家忙著去迎接佛陀時，須菩提正在靈山的石窟中縫僧衣，本來他也想趕往曲女城，但是他迴觀自心；自問：「如何是如來呢？如來身是如來嗎？」須菩提不斷觀察，而了悟「見空之實相即見如來」，於是他就一心觀察空之實相。

因爲這個因緣，所以佛陀說須菩提是第一個見到如來的。

而這也讓蓮花色比丘尼和法會大眾，都能了知見實相即是見如來，正如同

《金剛經》所說：「若以色見我，以音聲求我，是人行邪道，不能見如來」的深意。

而當大眾被蓮花色比丘所變化的轉輪聖王所鎮懾，乃至生起願爲轉輪聖王的心念之時，佛陀就開示微妙的勝法，使大眾發起解脫的心念，菩提的心念，而不是求生於人天道中，求取富貴、威勢，乃至受用生活中種種妙好的物質。

而當時也有許多大眾聞法而開悟了，在這次蓮花色比丘尼示現神通的事件中，佛陀以廣大的悲心和甚深的智慧，讓所有大眾的心念，趣向解脫圓滿成佛。

⊙示現神通時不驚擾一切衆生

菩薩的神通，除了具足更廣大的智慧方便之外，還有一個很重要的特色，就是示現神通時，「不驚擾一切眾生」。

在《華嚴經》十迴向位中，第八如相迴向位的菩薩有十種無礙用，神力無礙用就是爲其中之一。在《八十華嚴》卷五十六〈離世間品〉中說這十種神力是：

1. 以不可說世界置於一塵中而無礙。
2. 於一微塵中顯現一切法界、佛剎而無礙。

3.於一毛孔容受一切大海水，能周旋往返十方世界，而不觸擾眾生。

4.於不可說世界內自身中示現一切神通而無礙。

5.以一毛繫不可數金剛圍山持行十方，而不令眾生恐怖。

6.以不可說劫作一劫，一劫作不可說劫，顯現成壞差別，而不令眾生恐怖。

7.於一切世界顯示水火風災等種種變壞，而不煩擾眾生。

8.一切世界三災壞時，悉能護持一切眾生資生之具，而不令損缺。

9.以一手持不可思議世界擲於不可說世界之外，而不令眾生驚怖。

10.說一切剎同於虛空，令諸眾生悉得悟解。

在《維摩詰經》中，也有提到神通不擾一切眾生之事。

舍利弗贊歎維摩詰居士能將東方須彌相世界的廣大師子座取來此土：「居士！眞是未曾有啊！您如是小室，卻能容受如此高廣之座，於毗耶離城無所妨礙，而於閻浮提聚落城邑及四天下諸天龍王鬼神宮殿，也不迫迮。」

維摩詰居士回答：「唯然！舍利弗！諸佛菩薩有解脫，名爲『不可思議』。如果菩薩住於此解脫者，以須彌山一般高廣的空間，乃至芥子那麼小的空間中，都無所增減，須彌山王本相如故。……以四大海水入一毛孔，不嬈魚、鼈、黿、鼉水性之屬，而彼大海本性如故，諸龍鬼神阿修羅等，不覺不知己之所入，於此眾生亦無所嬈。」「對一切眾生都無所擾亂」，這是示現神通時很重要的一個重點。具足不可思議解脫法者，能以四大海海水入於一毛孔，卻不會驚擾到一切眾生這是一切神通者都應遵守的。

⊙慈悲智慧的神通生活

許多人對靈通、感應、神通的事蹟，既好奇又崇拜。

而一個神通者的生活，到底是如何呢？

許多被視爲有神通的人，的確會有一些預知的能力，而在預言的比例中，只要有幾次命中了，透過旁人不斷的複誦傳述，就變得很靈驗、很神奇。

但是，這些被認爲具有靈通能力的人，在現代社會裡面，扮演著什麼角色呢？他們的生活和一般人有什麼不同？他們爲什麼通靈？通靈之後會怎樣？通靈的能力是什麼？其實，這些通靈的現象、感應的事蹟，並不算是眞正的神通！而這些通靈者的生活，時常處在，大家都要向他們尋找生命的答案，但其實他除了有一些通靈的力量，能產生一些感應之外，他們對生命的理解，時常與求問他的人並無不同，也充滿了困惑、無知。他們所見到的現象，其實根本無法解決生命的問題。但他們比一般的人壓力更大，因爲一般人可以問他尋求答案，他不知道答案在那裏，卻必需靠著一些異相與幻想，拚湊答案，給予他人。

因此，一位通靈者的人生壓力，可能比一般人都大，對生命的困惑，也更加的明顯，人生發展也容易充滿了畸型與灰暗。

但是一位具有正確知見的神通者，卻不會如此。因爲他的神通能力是透過正確的禪定及合理的運心方法而產生。因爲具有定力的緣故，所以他比一般人更能超越人生的壓力。而且他獲得神通能力的過程，十分的明晰，因此，對於神通力量的用處及限制十分清楚，所以並不會誇大神通力量，也不容易產生不清不楚的幻象。

所以一位具有正確知見的神通者，是透過正確的方法將自身所具有的深層生命能力開發出來，使自己的生命能力更充滿、更有定力、更有智慧、更有耐心，也了知更多的因緣。所以，他的生命會更加的幸福、光明，也更具備力量去幫助自己及他人。

所以，把神通力量當作是每一個生命依據正確的方法，便可以開發擁有，而且心智愈昇華，開發才更圓滿，以良好的定力、智慧與慈悲心，來成就神通，並圓滿的幫助眾生，這才是正確修習神通的方向。

因此，一個具有神通的人，他的神通力量，應當用來遮止自己的過失，並揚善，因隱卻他人屬於個人的錯處與隱失，這才是運用神通力量的合理範籌。

所以，切記不可以自己的神通力量，去窺探他人，如果因爲恰巧覺知他人的隱私，也千萬不可再予以觀察或評論。其實，現代許多科技的發展，已經使我們具有了一些類似神通的力量，但這些科技的發展，也讓我們看到使用衛星、網路，乃至針孔攝影竊聽器去窺探他人隱私，或監控他人以獲得私利滿足私欲的現象，造成了許多的傷害。其實，早在二千五百年前，佛陀已經特別叮囑具有神通的人，要特別尊重他人的基本生命權利，不可妄用神通去窺探他人，這是否能給予現代這些妄用科技去傷害他人者一些啓示？

全佛文化藝術經典系列

大寶伏藏【灌頂法像全集】

蓮師親傳•法藏瑰寶，世界文化寶藏•首度發行！
德格印經院珍藏經版•限量典藏！

本套《大寶伏藏—灌頂法像全集》經由德格印經院的正式授權全球首度公開發行。而《大寶伏藏—灌頂法像全集》之圖版，取自德格印經院珍藏的木雕版所印製。此刻版是由西藏知名的奇畫師—通拉澤旺大師所指導繪製的，不但雕工精緻細膩，法莊嚴有力，更包含伏藏教法本自具有的傳承深意。

《大寶伏藏—灌頂法像全集》共計一百冊，採用高級義大利進美術紙印製，手工經摺本、精緻裝幀，全套內含：

•三千多幅灌頂法照圖像內容　•各部灌頂系列法照中文譯名

附贈　•精緻手工打造之典藏匣函。

•編碼的「典藏證書」一份與精裝「別冊」一本。

（別冊內容：介紹大寶伏藏的歷史源流、德格印經院歷史、《大寶伏藏—灌頂法像全集》簡介及其目錄。）

定價NT$120,000(運費另計)　本優惠價格實施至2014年6月底

全佛文化有聲書系列

經典修鍊的12堂課（全套12輯）

地球禪者 洪啟嵩老師 主講　全套定價NT$3,700

〈經典修鍊的十二堂課一觀自在人生的十二把金鑰〉有聲書由地球禪者洪啟嵩老師，親自講授《心經》、《圓覺經》、《維摩詰經》、《觀無量壽經》、《藥師經》、《金剛經》、《楞嚴經》、《法華經》、《華嚴經》、《大日經》、《地藏經》、《六祖壇經》等十二部佛法心要經典，在智慧妙語提綱挈領中，接引讀者進入般若經典的殿堂，深入經典密意，開啟圓滿自在的人生。

01. 心經的修鍊　2CD/NT$250
02. 圓覺經的修鍊　3CD/NT$350
03. 維摩詰經的修鍊　3CD/NT$350
04. 觀無量壽經的修鍊　2CD/NT$250
05. 藥師經的修鍊　2CD/NT$250
06. 金剛經的修鍊　3CD/NT$350
07. 楞嚴經的修鍊　3CD/NT$350
08. 法華經的修鍊　2CD/NT$250
09. 華嚴經的修鍊　2CD/NT$250
10. 大日經的修鍊　3CD/NT$350
11. 地藏經的修鍊　3CD/NT$350
12. 六祖壇經的修鍊　3CD/NT$350

全佛文化白話佛經系列

如是我聞

白話華嚴經 全套八冊

國際禪學大師 洪啟嵩語譯　定價NT$5440

八十華嚴史上首部完整現代語譯！

導讀 + 白話語譯 + 註譯 + 原經文

《華嚴經》為大乘佛教經典五大部之一，為毘盧遮那如來於菩提道場始成正覺時，所宣說之廣大圓滿、無盡無礙的內證法門，十方廣大無邊，三世流通不盡，現前了知華嚴正見，即墮入佛數，初發心即成正覺，恭敬奉持、讀誦、供養，功德廣大不可思議！本書是描寫富麗莊嚴的成佛境界，是諸佛最圓滿的展現，也是每一個生命的覺性奮鬥史。內含白話、注釋及原經文，兼具文言之韻味與通暢清晰之白話，引領您深入諸佛智慧大海！

佛教小百科35

《神通的原理與修持》

作　者　洪啟嵩
執行編輯　彭婉甄、劉詠沛、吳霈媜
出　版　全佛文化事業有限公司
訂購專線：(02)2913-2199
傳真專線：(02)2913-3693
發行專線：(02)2219-0898
匯款帳號：3199717004240 合作金庫銀行大坪林分行
戶　名：全佛文化事業有限公司
E-mail:buddhall@ms7.hinet.net
http://www.buddhall.com
門　市　心學堂・新北市新店區民權路108之3號10樓
門市專線：(02)2219-8189
行銷代理　紅螞蟻圖書有限公司
台北市內湖區舊宗路二段121巷19號（紅螞蟻資訊大樓）
電話：(02)2795-3656
傳真：(02)2795-4100

初　版　二〇〇二年九月
初版七刷　二〇一八年十月
定　價　新台幣二八〇元
ISBN　978-957-2031-19-3（平裝）
版權所有・請勿翻印

國家圖書館出版品預行編目資料

神通的原理與修持 / 洪啟嵩作
-- 初版.--新北市：全佛文化, 2002[民91]
面；　公分. -（佛教小百科；35）

ISBN 978-957-2031-19-3(平裝)

1.佛教一修持
225.87　　　91015812

Buddhall

All Rights Reserved. Printed in Taiwan.
Published by BuddhAll Cultural Enterprise Co.,Ltd.

BuddhAll

BuddhAll.

All is Buddha.

BuddhAll